AVES

D1707300

- 🥄 Sopas
- 🥄 Chiles
- 🥄 Carnes
- 🥄 Cocina mexicana al natural
- 🥄 Pescados
- 🥄 Aves
- 🥄 Vegetariano
- 🥄 Postres

AVES

PATRICIA QUINTANA

OCEANO

AVES

© 2010, Patricia Quintana

© Pablo Esteva (por las fotografías)

D. R. © Editorial Océano de México, S.A. de C.V.
Boulevard Manuel Ávila Camacho 76, 10º piso,
Colonia Lomas de Chapultepec, Miguel Hidalgo,
Código Postal 11000, México, D.F.
 Tel. (55) 9178 5100
info@oceano.com.mx

Primera edición: 2010

ISBN 978-607-400-381-9

Hecho en México / Impreso en España
Made in Mexico / Printed in Spain
9002943010910

LA COCINA DE PATRICIA QUINTANA
AVES

———

ÍNDICE

SALPICÓN DE POLLO
8

FLAUTAS DE PATO
CON SALSA
DE CHILE PASILLA
10

FLAUTAS DE POLLO
CON SALSA
DE CHILE MORITA
12

FAJITAS DE PECHUGA
CON MANDARINA DE ACHIOTE
Y GUARNICIÓN DE ESQUITE
EN HOJA DE MAÍZ
14

CHALUPITAS
CON CHORIZO Y POLLO
16

BROCHETAS
19

TACOS DE PATO
CON MOLE DE XICO
21

TACOS DE POLLO
CON CALDILLO DE JITOMATE
24

TACOS DE POLLO
CON SALSA VERDE
26

ENCHILADAS VERDES
CON CHILE POBLANO
CON PATO AL CILANTRO
28

ENCHILADAS
DE CHILE PASILLA
30

TOSTADAS DE POLLO
32

TORTA DE PATO CON MOLE
34

TORTA DE POLLO
37

CHAPATA DE PAVO
40

CALDO DE POLLO
A LOS TRES CHILES SECOS
42

PICHONES EN ADOBO
44

PICHONES RELLENOS
A LA OAXAQUEÑA
46

GALLINITAS
EN RELLENO NEGRO
49

GALLINITAS CON JALEA
DE CHABACANO Y PERÓN
52

GALLINITAS AL ACHIOTE
CON SALSA DE PULQUE
54

PECHUGAS DE POLLO
A LA MANDARINA
56

———————

PECHUGAS DE POLLO
AL CHIPOTLE
58

PECHUGAS A LA SOYA
60

PECHUGAS EN HOJA DE PLÁTANO
A LAS ESENCIAS MAYAS
62

PECHUGAS DE POLLO
EN ESCABECHE ORIENTAL
64

MEDALLONES DE PECHUGA
EN ADOBO DE GUAJILLO
Y SERVIDO CON VERDOLAGAS
66

CUADRILES AL ORÉGANO
68

DE ETLA, POLLO EN HOJA SANTA
CON SALSA VERDE FRÍA
ACOMPAÑADO DE MOROS
Y CRISTIANOS
70

POLLO A LAS PIMIENTAS
73

POLLO A LAS BRASAS
74

POLLO ENCACAHUATADO
76

POLLO
AL YOGURT
CON SALSA DE CHOCOLATE
78

PIERNITAS
AL PASILLA
CON PULQUE Y NOPALES
80

PAVO A LA INGLESA
82

PATO ROSTIZADO
EN MOLE DE XICO
84

PATO EN PIPIÁN VERDE
86

PATO A LA MIEL DE MAGUEY
88

ALITAS A LA COLONIAL
91

PRESENTACIÓN

E l arte culinario mexicano es una expresión humana que refleja la comunión perfecta de la experiencia sensorial de los dones de la tierra y el amor por las tradiciones y las enseñanzas que hemos heredado de nuestras raíces.

Nuestra gastronomía nace y se recrea a través de los sentidos. La apetencia por los guisos tradicionales surge cuando admiramos el colorido de los mercados: las canastas de palma tejida rebosantes de quelites, lechugas, rábanos, jitomates, papas, cebollas blancas y moradas. Al sentir la textura de los chiles anchos, poblanos, mulatos, serranos; de las hojas de maíz secas, de los nopales, de los miltomates, evocamos el recuerdo vivo de su sabor tan familiar. Los aromas del cilantro, el epazote, la hoja santa, de las hojas de aguacate y de plátano despiertan el antojo por la infinidad de sazones que matizan el sabor del maíz, el frijol, las carnes, los mariscos, los pescados.

La diversidad de ingredientes que forman parte del festín culinario es una característica muy valiosa de nuestra gastronomía, sin embargo, el elemento que le da esa identidad incomparable es el corazón que ponen las mujeres en esta noble tarea. Esta devoción es parte de las tradiciones que provienen desde la época prehispánica; de nuestros abuelos, quienes de boca en boca, de corazón a corazón nos enseñaron a apreciar con humildad a la naturaleza y sus frutos. Para ellos, el mundo natural y lo sobrenatural se entrelazaban, ligados íntimamente en el equilibrio cotidiano. Así, las artes culinarias matizadas por un sentimiento sagrado y místico alimentan tanto al cuerpo como al espíritu de los hombres.

La fusión con la cultura occidental y la oriental permitió un gran enriquecimiento gastronómico. Este legado se mantiene vivo en nuestras propias recetas que se han hilado con diversos gustos que llegaron de otras tierras: de Europa, las almendras, el aceite de oliva, las cebollas, el ajo, la leche, los quesos, la crema, el puerco, el vino, las aves; de Asia, la pimienta negra, el jengibre, la soya, el arroz; del Caribe, el arroz con pollo, el pimiento dulce, los frijoles en sofrito, los picadillos, el plátano verde, la yuca, el ajo, el pescado en escabeche y los cascos de guayaba. Nuestra comida refleja ese intercambio cultural en donde la historia se proyecta, se compenetra, se revive.

Los guisos con el particular sazón de cada región de nuestro país son un maridaje único de las sinfonías de color y sabor de sus elementos esenciales: los jitomates, los tomatillos, el chile serrano, el jalapeño, el cacahuate, la vainilla, el chocolate, el pulque. La comida es la manifestación artística más representativa de nuestras fiestas y ferias; así, al paso de las generaciones, nuestra profunda sensibilidad del festejo y el enamoramiento por el sabor se perpetúan en nuestras tradiciones.

Desde pequeña, la cocina ha sido para mí remembranza y descubrimiento que se interioriza, se reflexiona. Es, como todo en la vida, un ir y venir de encuentros con la naturaleza, con la tradición, con nuestra esencia. Cada receta que presento en esta serie de obras es para mí una expresión imperecedera que define nuestro ser mestizo. Es un patrimonio vivo y cambiante que se ha enriquecido y renovado, que fluye intuitivamente según la inspiración adquirida a través de la búsqueda culinaria realizada por todos los rincones de México durante años.

Espero que disfruten estos libros, cada uno de ellos es un reencuentro con nuestro país que cautiva los sentidos y deleita al corazón a través de aromas, texturas y sabores.

Patricia Quintana

SALPICÓN
DE POLLO

PARA EL POLLO:

4	tazas de agua
2	cebollas medianas, partidas en cuarterones
8	dientes de ajo medianos, sin piel
2	pechugas de pollo con hueso, limpias
¾	cucharada de sal gruesa o al gusto

PARA EL SALPICÓN:

3	tazas de espinaca baby, finamente picada
1	taza de apio cortado en cuadritos
3	zanahorias sin piel, ralladas
3	jitomates medianos, sin semillas, cortados en cuadritos
200	g [6.6 oz] de aceitunas rellenas de pimiento morrón, finamente picadas
3	tazas de lechuga finamente picada
1-1½	tazas de marinada de orégano y mejorana marca "Gavilla"
	Sal al gusto

PARA LA GUARNICIÓN:

1	taza de lechuga finamente picada
1	taza de espinaca finamente picada
8	tortillas de harina asadas o tostadas
8	tortillas de harina azul, asadas o tostadas

PARA PREPARAR EL POLLO:

En una cacerola ponga a hervir el agua junto con la cebolla, el ajo y la sal; agregue las pechugas; cocínelas con el hueso hacia abajo durante 15 minutos a fuego lento; voltéelas hacia arriba y cocínelas durante 10 minutos más. Apáguelas, déjelas reposar y enfriar; deshébrelas finamente.

PARA PREPARAR EL SALPICÓN:

En un recipiente de cristal incorpore las verduras junto con el pollo, añada la vinagreta; mezcle todos los ingredientes. Rectifique la sazón.

PRESENTACIÓN:

En platos extendidos entrelace las tortillas blanca y azul; encima coloque un molde cuadrado de 7.5 x 7.5 cm [3 x 3 in]; rellene el molde con el salpicón; aplástelo, retírelo. Adorne con lechuga y espinaca.

VARIACIONES:
- Utilice el salpicón para hacer sandwiches.
- En lugar de carne de pollo utilice carne de res, ternera o puerco.

NOTAS:
- Lave las verduras con un cepillo o una esponja, después desinfecte por 15 minutos. Escurra y deje orear antes de utilizarlas en la receta.
- Lave el pollo, escúrralo y séquelo antes de utilizarlo en la receta.
- El pollo deberá tener la carne blanca; la piel brillante, firme y con olor fresco.
- El pollo tiene alto contenido de vitaminas A, C, B12, B3, ácido fólico, hierro y zinc.
- Las espinacas son fuente de energía, tienen propiedades anticancerígenas.
- Las lechugas son estimulantes de la digestión y regeneran los tejidos.

FLAUTAS DE PATO
CON SALSA DE CHILE PASILLA

.◾ PARA 8 PERSONAS

PARA EL PATO:

8	tazas de agua
1	pato de 2½ kg [5 lb 8 oz]
2	cebollas medianas, cortadas en rebanadas
20	dientes de ajo medianos, sin piel, rebanados
1	cucharada de pimienta negra molida
2	cucharadas de sal de grano o al gusto

PARA LA SALSA
DE CHILE PASILLA OAXAQUEÑO:

2	tazas de agua
400	g [13 oz] de miltomates sin cáscara
8	chiles pasilla oaxaqueño desvenados, fritos
4	dientes de ajo medianos, sin piel
1	cebolla mediana, cortada en rebanadas
½	taza de aceite vegetal
1-1½	cucharaditas de sal o al gusto

PARA EL RELLENO DE LAS FLAUTAS:

¼	taza de aceite de oliva
1	cebolla mediana, finamente picada
4	tazas de pato finamente deshebrado Sal al gusto

PARA LAS FLAUTAS:

32	tortillas ovaladas de 13 cm x 8.5 cm [32.5 in x 21.25 in]
2	tazas de aceite vegetal para freír Palillos para las flautas

PARA LA GUARNICIÓN:

1	taza de crema natural, espesa

PARA COCER EL PATO:

Queme con alcohol la cola del pato para destufarlo. Páselo a un recipiente profundo con agua caliente; masajéelo hasta que suelte su grasa, lávelo y séquelo con un trapo quitando el exceso de grasa. En una cacerola grande vierta el agua, ponga una rejilla; coloque el pato encima; añada la cebolla en rebanadas, los ajos, la pimienta y la sal. Tape la cacerola; cocínelo a vapor durante 3 horas a fuego lento, voltéelo ocasionalmente para obtener una cocción pareja. Deje enfriar. Deshebre la carne.

PARA PREPARAR LA SALSA
DE CHILE PASILLA OAXAQUEÑO:

En una cacerola caliente el agua, agregue los miltomates, los chiles pasilla, el ajo y cocínelos hasta que hierva. En una licuadora o procesador de alimentos muélalos con ½ taza del agua donde se cocinaron. Reserve. En una cacerola caliente el aceite, fría la cebolla hasta caramelizarla. Retírela. Apártela. Vierta la salsa; sazónela. Cocínela durante 8-10 minutos, incorpore a la salsa la cebolla caramelizada molida. Vuelva a cocinarla de 7-8 minutos. Rectifique la sazón.

PARA PREPARAR EL RELLENO:

En una sartén caliente el aceite, fría la cebolla hasta que quede transparente, agregue el pato deshebrado y sazone. Mezcle todos los ingredientes. Rectifique la sazón.

PARA PREPARAR LAS FLAUTAS:

Coloque 2 tortillas, una sobre otra de forma que queden a la mitad, ponga al centro 2 cucharadas de relleno de pato preparado; enrolle apretando las flautas; sostenga con 2 palillos

– 10 –

de manera que las atraviese; envuélvalas en un trapo ligeramente salpicado con agua sin llegar a estar muy húmedo; póngalas en papel plástico, enróllelas y manténgalas envueltas. En una sartén caliente el aceite; fría las flautas por ambos lados hasta que tomen un color dorado parejo y queden crujientes. Retírelas con la ayuda de una espumadera. Escúrralas sobre papel absorbente. Salpíquelas con sal.

PRESENTACIÓN:

En vasos pequeños (shot) coloque 2 cucharadas de salsa de chile pasilla, introduzca la flauta rellena de pato y a un costado adorne con ¾ de cucharada de crema espesa. Sirva el resto de las flautas en un platón al centro de la mesa con el resto de la salsa y la crema. Sírvalas calientes.

VARIACIÓN:
- Rellene las flautas con pollo deshebrado, pechuga de pollo, falda de res o puerco cocida; o rellénelas de barbacoa de cordero o de res.

NOTAS:
- Lave las verduras con un cepillo o una esponja, después desinfecte por 15 minutos. Escurra y deje orear antes de utilizarlas en la receta.
- Los chiles secos se desinfectan sólo por 5 minutos, ya que pueden perder su aroma y consistencia.
- Los chiles se pueden freír y moler con sus semillas.
- Masajee el pato con agua caliente para que suelte su grasa.
- La carne de pato es rica en hierro y en vitaminas del grupo B.

CON SALSA DE CHILE MORITA

PARA EL POLLO:

3	tazas de agua
1½	cebollas medianas, cortadas en cuarterones
5	dientes de ajo medianos, sin piel
1½	pechugas de pollo enteras, grandes
3	cucharaditas de sal o al gusto

PARA LA SALSA DE CHILE MORITA:

1½	tazas de agua
500	g [1 lb 1 oz] de miltomate sin cáscara
50	g [1.6 oz] de chiles morita secos, con semillas, ligeramente fritos
1	cebolla mediana, cortada en cuarterones
2	dientes de ajo medianos, sin piel
¼	taza de aceite de girasol
3	rebanadas de cebolla
1½	cucharaditas de sal o al gusto

PARA EL RELLENO DE LAS FLAUTAS:

¼	taza de aceite de oliva
1	cebolla mediana, finamente picada
4	tazas de pechuga de pollo, finamente deshebrada
	Sal al gusto

PARA LAS FLAUTAS:

32	tortillas ovaladas de 13 cm x 8.5 cm [32.5 in x 21.25 in]
2	tazas de aceite vegetal para freír
	Palillos para las flautas

PARA LA GUARNICIÓN:

1	taza de crema natural, espesa

PARA PREPARAR EL POLLO:

En una cacerola ponga a hervir el agua junto con la cebolla, el ajo y la sal; agregue la pechuga; cocínela con el hueso hacia abajo durante 15 minutos a fuego lento; voltéela hacia arriba y cocínela durante 10 minutos más. Apáguela, déjela reposar y enfriar; deshébrela finamente.

PARA PREPARAR LA SALSA DE CHILE MORITA:

En una cacerola caliente el agua, agregue los miltomates, el chile morita, la cebolla y el ajo. Cocínelos durante 20 minutos. Déjelos enfriar. En una licuadora o procesador de alimentos muélalos con ½ taza del agua donde se cocinaron. Reserve. En una cacerola caliente el aceite, fría la cebolla hasta caramelizarla. Sazone con un poco de sal. Retírela. Vierta la salsa y vuelva a sazonar. Cocínela a fuego lento durante 10-15 minutos. Rectifique la sazón.

PARA PREPARAR EL RELLENO:

En una sartén caliente el aceite, fría la cebolla hasta que quede transparente agregue el pollo deshebrado; sazónelo. Mezcle los ingredientes. Rectifique la sazón.

PARA PREPARAR LAS FLAUTAS:

Coloque 2 tortillas, una sobre otra de forma que queden a la mitad y ponga al centro 2 cucharadas de pollo preparado; enrolle apretando las flautas; sostenga con 2 palillos de manera que las atraviese; envuélvalas en un trapo ligeramente salpicado con agua sin llegar a estar muy húmedo; póngalas en papel plástico, enróllelas y manténgalas envueltas. En una sartén profunda caliente el aceite; fría las flautas por ambos lados hasta que tomen un color dorado parejo y queden crujientes. Retírelas con la ayuda de una espumadera. Escúrralas sobre papel absorbente. Salpíquelas con sal.

PRESENTACIÓN:

En vasos pequeños (shot) coloque 2 cucharadas de salsa de chile morita, introduzca la flauta rellena de pollo y a un costado adorne con ¾ de cucharada de crema espesa. Sirva el resto de las flautas en un platón al centro de la mesa con el resto de la salsa y la crema. Sírvalas calientes.

VARIACIONES:
- Rellene las flautas con pollo guisado con jitomate, cebolla y cilantro.
- Rellene las flautas con pollo guisado con rajas de chile poblano; sirva con aguacate molido y chile poblano asado, crema, cebolla, un poco de chile serrano asado y un toque de limón y sal.
- Sirva las flautas con salsa de frijol, con hoja de aguacate y chile morita frito; con crema o con chiles chipotles desflemados con piloncillo, vinagre y hierbas de olor.
- Si la salsa quedó muy espesa agregue 1/2 taza de caldo de pollo.

NOTAS:
- Lave las verduras con un cepillo o una esponja, después desinfecte por 15 minutos. Escurra y deje orear antes de utilizarlas en la receta.
- Los chiles secos se desinfectan sólo por 5 minutos, ya que pueden perder su aroma y consistencia.
- Los chiles se pueden freír y moler con sus semillas.
- Lave las pechugas, escúrralas y séquelas antes de utilizarlas en la receta.
- La pechuga deberá tener la carne blanca; la piel brillante, firme y con olor fresco.
- El pollo tiene alto contenido de vitaminas A, C, B12, B3, ácido fólico, hierro y zinc.

FAJITAS DE PECHUGA
CON MANDARINA DE ACHIOTE
Y GUARNICIÓN DE ESQUITE EN HOJA DE MAÍZ · PARA 8 PERSONAS

PARA LAS FAJITAS:

3	pechugas de pollo enteras, deshuesadas, sin aplanar, cortadas en fajitas delgadas de 1-2 cm de ancho x 10 de largo [.4-.8 x 4 in]
1	botella de achiote de 250 g [8.3 oz] marca "Gavilla"
¼	taza de aceite vegetal
1	cucharadita de pimienta o al gusto
	Sal al gusto

PARA LOS ESQUITES:

2	tazas de agua
½	taza de hojas de epazote
8	elotes desgranados, limpios
80	g [2.6 oz] de mantequilla
1	cebolla mediana, finamente picada
40	g [1.3 oz] de mantequilla en trocitos
⅓	taza de epazote finamente picado
1	cucharadita de pimienta o al gusto
1	cucharadita de sal o al gusto

PARA LA GUARNICIÓN:

	Cebollín o albahaca o menta o perejil, picado o al gusto
16	hojas de elote tiernas y limpias

PARA PREPARAR LAS FAJITAS:

En un recipiente coloque las fajitas de pollo, báñelas con la marinada de achiote. Refrigere durante 1 hora. Caliente una sartén durante 5 minutos, añada el aceite e incorpore las fajitas con la marinada; cocine de un lado y otro hasta que estén doradas. Sazone con la pimienta y la sal durante la cocción.

PARA PREPARAR LOS ESQUITES:

En una olla caliente el agua con las hojas de epazote y la sal. Cuando rompa el hervor, agregue los granos de elote. Cocínelos de 10-15 minutos o hasta que los granos estén suaves. Escúrralos. Reserve. En una sartén caliente ponga la mantequilla; agregue la cebolla, fríala hasta caramelizarla. Añada los granos de elote, el epazote; sazone con sal y pimienta. A la hora de servir, vuelva a calentar los esquites, añada los 40 g [1.3 oz] de mantequilla y deje que se derrita. Rectifique la sazón.

PRESENTACIÓN:

En platos extendidos coloque 2 hojas de elote en forma de cuna volteadas y amarradas en punta; acomódelas en sesgo. En una de ellas ponga 5 piezas de fajitas de pollo, en la otra sirva 3 cucharadas de esquites; salpique con el cebollín y adorne con una mancha de achiote.

VARIACIONES:
- Haga taquitos con las pechugas.
- Cocine las pechugas marinadas en el asador; sírvalas con tortillas recién hechas a mano y con frijoles colados.

NOTAS:
- Lave las verduras con un cepillo o una esponja, después desinfecte por 15 minutos. Escurra y deje orear antes de utilizarlas en la receta.
- Lave las pechugas, escúrralas y séquelas antes de utilizarlas en la receta.
- La pechuga deberá tener la carne blanca; la piel brillante, firme y con olor fresco.
- El pollo tiene alto contenido de vitaminas A, C, B12, B3, ácido fólico, hierro y zinc.
- El maíz contiene calcio, sodio, potasio y vitaminas A, B1, B2, B3 y C.

CON CHORIZO Y POLLO

PARA LOS FRIJOLES:

6	tazas de agua
250	g [8.3 oz] de frijol bayo, flor de mayo o peruano, limpio
½	cebolla cortada por la mitad
½	cabeza de ajo mediana
⅓	taza de aceite de girasol
½	cebolla finamente picada
½-¾	cucharada de sal o al gusto

PARA EL POLLO:

5	tazas de agua
½	cebolla cortada
2	dientes de ajo medianos, sin piel
1	pechuga de pollo con hueso, mediana
2	hojas de laurel frescas
1½	cucharadas de sal o al gusto

PARA EL CHORIZO:

200	g [6.6 oz] de chorizo fresco, desmoronado o finamente picado
¼	aceite de girasol

PARA LA SALSA DE CHILE CHIPOTLE:

4	chiles chipotle mecos con semilla, limpios, asados, fritos
4	chiles chipotle secos, con semilla, limpios, asados, fritos
8	tomates verdes medianos, sin cáscara, asados
½	cebolla asada
4	dientes de ajo chicos, sin piel, asados
2	tazas de agua
3	cucharaditas de sal fina o al gusto

PARA LAS CHALUPITAS:

500	g [1 lb 2 oz] de masa fresca
⅓-½	taza de agua
	Sal al gusto

PARA LA GUARNICIÓN:

⅓	taza de cebolla finamente picada
½	taza de queso doble crema o queso de cabra al gusto
½	taza de lechuga romanita finamente rebanada
¼	crema natural, espesa
¼	taza de chiles chipotle de lata en rajitas
	Sal al gusto

PARA PREPARAR LOS FRIJOLES:

En una olla de presión ponga el agua a hervir, incorpore los frijoles, la cebolla, los dientes de ajo y la sal. Tape la olla. Cocine a fuego mediano durante 40 minutos; déjela enfriar o pase la olla a la corriente de agua fría; destápela. Vuelva a sazonar. Continúe su cocción hasta que espesen. Deje enfriar. Cuélelos, retire el caldo y muélalos. Precaliente una sartén, agregue el aceite, fría la cebolla hasta caramelizarse. Sazone con un poco de sal. Refría los frijoles hasta formar un puré espeso. Rectifique la sazón.

PARA PREPARAR LA PECHUGA:

En una cacerola ponga a hervir el agua, agregue la cebolla, los ajos, las hojas de laurel, la pechuga y la sal. Tápela. Cocínela con el hueso hacia abajo durante 15 minutos; voltéela y siga cocinando durante 10 minutos más. Apáguela, déjela reposar en el caldo, enfríela. Retire la pechuga y deshébrela finamente.

PARA PREPARAR EL CHORIZO:

En una sartén caliente el aceite y fría el chorizo, cocínelo a fuego mediano hasta que esté dorado. Escurra la grasa. Páselo a un papel servitoalla.

PARA PREPARAR LA SALSA:

En una cacerola ponga el agua a hervir, agregue los chiles asados y fritos, los tomates verdes junto con la cebolla y los ajos asados. Cocínelos durante 10 minutos. Deje enfriar. En el molcajete o procesador de alimentos o la licuadora muela la sal junto con los ingredientes y el resto del agua donde se cocinaron. Remuela poco a poco los ingredientes hasta dejar una salsa semiespesa y martajada. Rectifique la sazón.

PARA PREPARAR LAS CHALUPITAS:

Precaliente un comal a fuego mediano durante 10 minutos.

En un recipiente ponga la masa, el agua y la sal. Amásela a manera que quede con una textura suave y brillante. Haga bolitas de 25 g, alárguelas de forma que queden en rollito cada una. Prepare una máquina para tortillas con dos cuadros de plástico delgado. Tome el rollito, colóquelo entre los plásticos, presione ligeramente hasta que queden ovalados y semigruesos. Con cuidado retire los plásticos. Cocine las chalupitas de un lado y otro; deben esponjarse, pero cuide que no se resequen; pellizque los bordes y el centro con los dedos. Una vez cocidas envuélvalas en una servilleta. Repita el procedimiento con el resto de la masa.

En una sartén caliente agregue el aceite y fría las chalupitas por ambos lados hasta que queden crujientes.

A cada chalupita póngale una capa de frijol refrito, el chorizo, la pechuga deshebrada, la cebolla, el queso, la salsa de chipotle, la lechuga, la crema y adorne con rajitas de chipotle. Salpíquelas con sal. Déjelas unos instantes a fuego lento en el comal para que se forme una costra ligera.

PRESENTACIÓN:

En un platón ponga las chalupitas calientes, ya preparadas; acompáñelas con una cerveza bien fría.

VARIACIONES:
- Acompañe las chalupitas con salsas crudas y guacamole.
- Sirva las chalupitas solo con crema, queso fresco y salsa.
- Haga las chalupitas delgadas, áselas encima del comal para que doren ligeramente con unas gotas de aceite.
- Para la salsa puede utilizar chile pasilla oaxaqueño.
- En lugar de tomate verde para la salsa de chile chipotle puede utilizar 4 jitomates guajes.

NOTAS:
- Lave las verduras con un cepillo o una esponja, después desinfecte por 15 minutos. Escurra y deje orear antes de utilizarlas en la receta.
- El pollo deberá tener la carne blanca; la piel brillante, firme y con olor fresco.
- Con la ayuda de unas pinzas ase el pollo a fuego directo para quemar los restos de las plumas.
- Lave el pollo, escúrralo y séquelo antes de utilizarlo en la receta.
- Los chiles secos se desinfectan sólo por 5 minutos, ya que pueden perder su aroma y consistencia.
- A las chalupitas en algunos lugares se les llama *sopes*.
- El pollo tiene alto contenido de vitaminas A, C, B12, B3, ácido fólico, hierro y zinc.
- El frijol es una fuente de proteínas; proporciona hierro, cobre, zinc, potasio y calcio.
- La lechuga mejora la circulación, disminuye el colesterol, previene la arterioesclerosis y es diurética.
- La crema contiene calorías y proteínas así como vitaminas A, D y calcio.
- El queso es una rica fuente de calcio, proteínas y fósforo.

BROCHETAS

PARA LA MARINADA:

5	dientes de ajo medianos, sin piel
¾	cebolla cortada por la mitad
2	cucharaditas de tomillo fresco
2	cucharaditas de mejorana fresca
3	cucharaditas de orégano fresco
1	cucharadita de pimienta negra entera
¾	cucharadita de pimienta gorda entera
¾	taza de jugo de limón fresco
¾	taza de aceite de oliva
3	cucharaditas de sal o al gusto

PARA LA SALSA DE BERENJENA:

2	berenjenas de 700 g [1 lb 8 oz] asada, sin piel
6	dientes de ajo medianos, sin piel
1	taza de jugo de limón fresco
½	taza de aceite de oliva
1½	cucharaditas de sal o al gusto

PARA LAS BROCHETAS:

8	brochetas de 20 cm [8 in] de largo
400	g [13 oz] de jamón de pechuga de pavo en rebanadas delgadas como papel, (junte 6 rebanadas de jamón, córtelas en tiras de 10 cm [4 in] de largo x 3 cm [1.2 in] de ancho, enróllelas de manera que quede en forma de un cuadrado de 3 x 3 cm [1.2 x 1.2 in]
400	g [13 oz] de tocino de 20 cm [8 in] de largo, repliéguelo de forma que quede un cuadrado de 3 x 3 cm [1.2 x 1.2 in]
1-1½	pechugas grandes, enteras, partidas a la mitad, deshuesadas, cortadas en cuadros de 3 x 3 cm [1.2 x 1.2 in]
2	pimientos verdes cortados en cuadros de 3 x 3 cm [1.2 x 1.2 in]
1	pimiento rojo cortado en cuadros de 3 x 3 cm [1.2 x 1.2 in]
½	taza de aceite de oliva

PARA LA GUARNICIÓN:

8   chiles de árbol verde, asados
         Sal de grano

PARA PREPARAR LA MARINADA:

En la licuadora o procesador de alimentos muela los dientes de ajo, la cebolla, las hierbas de olor, las pimientas, el jugo de limón y la sal. Ponga en un recipiente, mezcle con el aceite de oliva hasta que se incorpore. Rectifique la sazón. Reserve.

PARA PREPARAR LA SALSA DE BERENJENA:

Ase las berenjenas a fuego lento hasta que su piel quede quemada y se desprenda para que le de sabor. Déjelas enfriar. Retíreles la piel. En la licuadora o procesador de alimentos muela la pulpa de las berenjenas con el resto de los ingredientes hasta dejar una salsa espesa. Rectifique la sazón. Apártela.

PARA PREPARAR LAS BROCHETAS:

En una brocheta inserte los cuadros de pimiento verde, el jamón, el tocino, la pechuga y el pimiento rojo; vuelva a colocar el jamón, el tocino, nuevamente el jamón, el tocino y termine con pimiento verde. Repita el mismo procedimiento con el resto las brochetas. Póngalas a marinar durante 3 horas.

En una sartén caliente el aceite; fría las brochetas, báñelas con la marinada durante su cocción de manera que tomen un color dorado parejo. Sírvalas calientes.

PRESENTACIÓN:

En platos extendidos haga un manchón de salsa de berenjena, encima coloque 1 brocheta; acompañe con un chile de árbol asado y adorne con una pizca de sal de grano.

VARIACIONES:
- Haga las brochetas con camarones.
- Forme las brochetas con cebolla, jamón de pavo, pimientos y berenjena.
- De la brocheta de 20 cm [8 in] saque 2 brochetas de 10 cm [4 in].

NOTAS:
- Lave las verduras con un cepillo o una esponja, después desinfecte por 15 minutos. Escurra y deje orear antes de utilizarlas en la receta.
- Lave las pechugas, escúrralas y séquelas antes de utilizarlas en la receta.
- La pechuga deberá tener la carne blanca, la piel brillante, firme y con olor fresco.
- El pollo tiene alto contenido de vitaminas A, C, B12, B3, ácido fólico, hierro y zinc.
- La berenjena contiene potasio, fósforo, calcio, magnesio, hierro y vitamina C.
- Los pimientos contienen vitaminas A y C, y estimulan el apetito.
- El jamón de pavo contiene vitaminas y proteínas.
- El tocino es rico en proteínas y aporta calorías.
- El chile de árbol verde contiene vitaminas A y C.

CON MOLE DE XICO

PARA EL MOLE:

350	g [11.6 oz] de chile mulato desvenado, limpio
100	g [3.3 oz] de chile pasilla desvenado, limpio
2	tazas de agua caliente
150	g [5 oz] de jitomates medianos, asados, sin piel
¾	taza de aceite de oliva
1½	cebollas medianas, cortadas en rodajas
3	dientes de ajo medianos, sin piel
40	g [1.3 oz] de almendras fritas
40	g [1.3 oz] de piñones fritos
40	g [1.3 oz] de avellanas fritas
150	g [5 oz] de ciruelas pasa fritas
40	g [1.3 oz] de pasitas fritas
1	plátano macho maduro frito
½	cucharadita de pimienta negra, frita
½	cucharadita de clavo frito
½	cucharadita de anís frito
1	raja de canela de 3 cm [1.2 in] frita
40	g [1.3 oz] de ajonjolí frito
1	cocol mediano frito
1-1½	tortillas medianas fritas
1½-2	tablillas de chocolate mexicano o al gusto
50	g [1.6 oz] de piloncillo rallado
1½	tazas de caldo de pollo
1-2	cucharadas de sal o al gusto

PARA EL PATO:

8	tazas de agua
1	pato de 2½ kg [5 lb 8 oz]
2	cebollas medianas, cortadas en rebanadas
20	dientes de ajo medianos, sin piel, rebanados
1	cucharada de pimienta negra molida
2	cucharadas de sal de grano o al gusto

PARA EL RELLENO DE LOS TACOS:

¼	taza de aceite de oliva
1	cebolla mediana finamente picada
4	tazas de pato finamente deshebrado Sal al gusto

PARA LOS TACOS:

24	tortillas ovaladas de 13 x 8.5 cm [32.5 x 21.25 in]
2	tazas de aceite vegetal para freír Palillos para los tacos

PARA LA GUARNICIÓN:

1-1½	tazas de crema natural, espesa

PARA PREPARAR EL MOLE:

En una sartén fría ligeramente los chiles sin quemarlos. Póngalos a remojar en agua caliente. Reserve. Ase los jitomates. Apártelos. En una cazuela de barro, caliente el aceite, fría las rodajas de cebolla con los ajos. Apártelos. En una licuadora o procesador de alimentos muela los chiles fritos junto con la cebolla y los ajos fritos. Reserve. En la sartén caliente el aceite de oliva, fría las almendras, los piñones, las avellanas, las ciruelas pasa, las pasitas, el plátano macho, las especias, el cocol y las tortillas. Reserve. En la licuadora o procesador de alimentos muela las semillas, las especias, el plátano macho, el cocol y las tortillas junto con los jitomates; remuela 2 ó 3 veces hasta formar una pasta. Reserve. En la cazuela caliente agregue la pasta de las especias; refría por 15-20 minutos e incorpore los chiles molidos, sazone. Agregue el chocolate y el piloncillo; cocine a fuego lento hasta que la grasa empiece a subir; vierta el caldo, continúe su cocción hasta obtener un mole con una consistencia de pasta. Rectifique la sazón.

PARA COCER EL PATO:

Queme con alcohol la cola del pato para destufarlo. Páselo a un recipiente profundo con agua caliente; masajéelo hasta que suelte su grasa, lávelo y séquelo con un trapo quitando el exceso de grasa. En una cacerola grande vierta el agua, ponga una rejilla; coloque el pato encima; añada la cebolla en rebanadas, los ajos, la pimienta y la sal. Tape la cacerola, cocínelo a vapor durante 3 horas a fuego lento, voltéelo ocasionalmente para obtener una cocción pareja. Deje enfriar. Deshebre la carne.

PARA PREPARAR EL RELLENO DE LOS TACOS:

En una sartén caliente el aceite, fría la cebolla hasta que quede transparente, agregue el pato deshebrado; sazone. Mezcle todos los ingredientes. Rectifique la sazón.

PARA PREPARAR LOS TACOS:

Coloque una tortilla, ponga al centro 1½ cucharadas de pato preparado; enrolle y apriete los tacos; sostenga con 2 palillos de manera que los atraviese; envuélvalos en un trapo ligeramente salpicado con agua sin llegar a estar muy húmedo; tápelos con papel plástico, manténgalos envueltos. En una sartén profunda caliente el aceite; fría los tacos por ambos lados hasta que tomen un color dorado parejo y queden crujientes. Retírelos con la ayuda de una espumadera. Escúrralos en papel absorbente. Salpíquelos con sal.

PRESENTACIÓN:

En platos extendidos haga un manchón con 2 cucharadas de crema espesa, sobre éste ponga una cucharada de mole; encima coloque 3 tacos de pato y en cada uno ponga 1½ cucharaditas de crema y una cucharadita de mole espeso.

VARIACIONES:

- El pato deshebrado que sobre congélelo o haga enchiladas rellenas de pato, bañe con el mole.
- Para que el mole quede más ligero agregue caldo.
- Rellene los tacos con queso asadero o Pipijiapan con el pato.
- Hágalos con pechugas de pollo al vapor o cocidas al horno.
- Haga tacos de verdolagas y quelites solos o con queso añejo, Oaxaca o panela.
- Con el mole restante haga enchiladas con huevo.

NOTAS:

- Lave las verduras con un cepillo o una esponja, después desinfecte por 15 minutos. Escurra y deje orear antes de utilizarlas en la receta.
- Los chiles secos se desinfectan sólo por 5 minutos, ya que pueden perder su aroma y consistencia.
- Los chiles se pueden freír y moler con sus semillas.
- Masajee el pato con agua caliente para que suelte su grasa.
- La carne de pato es rica en hierro y en vitaminas del grupo B.
- La crema contiene calorías y proteínas, así como vitaminas A, D y calcio.

CON CALDILO DE JITOMATE

PARA EL POLLO:

3	tazas de agua
1½	cebollas medianas, cortadas en cuarterones
5	dientes de ajo medianos, sin piel
1	pechuga de pollo entera, grande
3	cucharaditas de sal o al gusto

PARA EL CALDILLO DE JITOMATE:

2	tazas de agua
1	kg [2 lb 3 oz] de jitomates medianos
4	chiles jalapeños medianos
½	cebolla cortada en cuarterones
6	dientes de ajo medianos, sin piel
3	rebanadas de cebolla
¼	taza de aceite de girasol
3	cucharaditas de sal o al gusto

PARA EL RELLENO DE LOS TACOS:

¼	taza de aceite de oliva
1	cebolla mediana, finamente picada
3	tazas de pechuga de pollo finamente deshebrado
	Sal al gusto

PARA LOS TACOS:

24	tortillas ovaladas de 13 x 8.5 cm [32.5 x 21.25 in]
3	tazas de aceite vegetal para freír
	Palillos para las flautas

PARA LA GUARNICIÓN:

8	jitomates medianos, cortados en cuatro
8	cucharadas de nata de leche, espesa

PARA PREPARAR EL POLLO:

En una cacerola ponga a hervir el agua junto con la cebolla, el ajo y la sal; agregue las pechugas; cocínelas con el hueso hacia abajo durante 15 minutos a fuego lento; voltéelas hacia arriba y cocínelas durante 10 minutos más. Apáguelas, déjelas reposar y enfriar; deshébrelas finamente.

PARA PREPARAR EL CALDILLO DE JITOMATE:

En una cacerola caliente el agua, agregue los jitomates, los chiles jalapeños, la cebolla y el ajo. Cocínelos durante 20 minutos. Déjelos enfriar. En una licuadora o procesador de alimentos muélalos con ½ taza del agua donde se cocinaron. Reserve. En una cacerola caliente el aceite, fría la cebolla hasta caramelizarla. Sazone con un poco de sal. Retírela. Vierta la salsa y vuelva a sazonar. Cocínela a fuego lento durante 10-15 minutos. Rectifique la sazón.

PARA PREPARAR EL RELLENO DE LOS TACOS:

En una sartén caliente el aceite, fría la cebolla hasta que quede transparente, agregue el pollo deshebrado y sazone. Mezcle los ingredientes. Rectifique la sazón.

PARA PREPARAR LOS TACOS:

Coloque una tortilla, ponga al centro 1½ cucharadas de pollo preparado; enrolle y apriete los tacos; sostenga con 2 palillos de manera que los atraviese; envuélvalos en un trapo ligeramente salpicado con agua sin llegar a estar muy húmedo; tápelos con papel plástico, manténgalos envueltos. En una sartén profunda caliente el aceite; fría los tacos, báñelos por ambos lados hasta que tomen un color dorado parejo y queden crujientes. Retírelos con la ayuda de una espumadera. Escúrralos en papel absorbente. Salpíquelos con sal.

PRESENTACIÓN:

En tazones hondos ponga el caldillo de jitomate hirviendo, adorne con 2 trozos de jitomate; sobre éstos coloque 3 tacos dorados de pollo; al frente acompañe con una cucharada de nata espesa. Sírvalos calientes.

VARIACIÓN:
- Haga tacos con tortillas recién hechas de masa azul, blanca o rosa; sírvalos con la nata encima o aparte.

NOTAS:
- Lave las verduras con un cepillo o una esponja, después desinfecte por 15 minutos. Escurra y deje orear antes de utilizarlas en la receta.
- Lave las pechugas, escúrralas y séquelas antes de utilizarlas en la receta.
- La pechuga deberá tener la carne blanca; la piel brillante, firme y con olor fresco.
- El pollo tiene alto contenido de vitaminas A, C, B12, B3, ácido fólico, hierro y zinc.
- La nata es rica en vitaminas A, D y calcio; es rica en calorías.
- El jitomate es una fuente de fibra, rico en vitaminas del grupo A y B; tiene alto contenido en vitaminas C y E.

TACOS DE POLLO
CON SALSA VERDE

PARA 8 PERSONAS

PARA EL POLLO:

3	tazas de agua
1½	cebollas medianas, cortadas en cuarterones
5	dientes de ajo medianos, sin piel
1	pechuga de pollo entera, grande
3	cucharaditas de sal o al gusto

PARA LA SALSA VERDE:

2	tazas de agua
900	g [2 lb] tomates verdes medianos, sin cáscara
80	g [2.6 oz] de chiles serranos
2	cebollas medianas, cortadas en cuarterones
3	dientes de ajo medianos, sin piel
¼	taza de aceite de oliva
2	rebanadas de cebolla
3	cucharaditas de sal o al gusto

PARA EL RELLENO DE LOS TACOS:

¼	taza de aceite de oliva
1	cebolla mediana finamente picada
3	tazas de pechuga de pollo finamente deshebrado
	Sal al gusto

PARA LOS TACOS:

24	tortillas ovaladas de 13 x 8.5 cm [32.5 x 21.25 in]
3	tazas de aceite vegetal para freír
	Palillos para los tacos

PARA LA GUARNICIÓN:

8	cucharadas de crema natural, espesa
1½	tazas de lechuga finamente rebanada
½	taza de cebolla en rebanadas muy finas o en sesgo

PARA PREPARAR EL POLLO:

En una cacerola ponga a hervir el agua junto con la cebolla, el ajo y la sal; agregue las pechugas y cocínelas con el hueso hacia abajo durante 15 minutos a fuego lento, voltéelas hacia arriba; cocínelas durante 10 minutos más. Apáguelas, déjelas reposar y enfriar; deshébrelas finamente.

PARA PREPARAR LA SALSA VERDE:

En una cacerola caliente el agua, agregue los tomates, los chiles serranos, la cebolla y el ajo. Cocínelos durante 20 minutos. Déjelos enfriar. En una licuadora o procesador de alimentos muélalos con ½ taza del agua donde se cocinaron. Reserve. En una cacerola caliente el aceite, fría la cebolla hasta caramelizarla. Sazone con un poco de sal. Retírela. Vierta la salsa y vuelva a sazonar. Cocínela a fuego lento durante 10-15 minutos. Rectifique la sazón.

PARA PREPARAR EL RELLENO DE LOS TACOS:

En una sartén caliente el aceite, fría la cebolla hasta que quede transparente, agregue el pollo deshebrado; sazone. Mezcle los ingredientes. Rectifique la sazón.

PARA PREPARAR LOS TACOS:

Coloque una tortilla, ponga al centro 1½ cucharadas de pollo preparado; enrolle y apriete los tacos; sostenga con 2 palillos de manera que los atraviese; envuélvalos en un trapo ligeramente salpicado con agua sin llegar a estar muy húmedo; tápelos con papel plástico, manténgalos envueltos. En una sartén profunda caliente el aceite; fría los tacos por ambos lados hasta que tomen un color dorado parejo y queden crujientes. Retírelos con la ayuda de una espumadera. Escúrralos en papel absorbente. Salpíquelos con sal.

PRESENTACIÓN:

En platos extendidos ponga 2 tacos en forma horizontal, encima de éstos ponga otro taco; a un costado acompañe con lechuga finamente rebanada, báñelos con la salsa verde hirviendo, haga una línea con la crema espesa sobre ellos y a un lado adorne con la cebolla en rebanadas finas. Sírvalos calientes.

VARIACIONES:
- Haga enchiladas verdes en lugar de tacos.
- Sirva los tacos con la salsa verde, encima rocíe la crema; adorne con lechuga, cebolla y espolvoree queso fresco, añejo o Pijijiapan.
- Rellénelos de pechuga de pato asada o pato al vapor.

NOTAS:
- Lave las verduras con un cepillo o una esponja, después desinfecte por 15 minutos. Escurra y deje orear antes de utilizarlas en la receta.
- Lave las pechugas, escúrralas y séquelas antes de utilizarlas en la receta.
- La pechuga deberá tener la carne blanca: la piel brillante, firme y con olor fresco.
- El pollo tiene alto contenido de vitaminas A, C, B12, B3, ácido fólico, hierro y zinc.
- La crema contiene calorías y proteínas, así como vitaminas A, D y calcio.
- El chile serrano contiene vitamina C.
- La lechuga contiene vitaminas A, C y D. También minerales como potasio, calcio, hierro y sodio.

ENCHILADAS VERDES
CON CHILE POBLANO
CON PATO AL CILANTRO

PARA 8 PERSONAS

3	tazas de agua
1	kg [1 lb 3 oz] de tomates verdes o miltomates, sin cáscara
2	cebollas medianas, cortadas por la mitad
8	dientes de ajo medianos, sin piel
11	chiles serranos limpios
¼	taza de aceite oliva
1	cebolla mediana, finamente picada
¾	taza de cilantro finamente picado
	Sal al gusto

PARA LOS CHILES POBLANOS:

8	chiles poblanos pequeños, asados, sin piel
160	g [5.3 oz] de queso panela rallado

160	g [5.3 oz] de queso manchego rallado
160	g [5.3 oz] de queso chihuahua rallado
160	g [5.3 oz] de carne de pato deshebrado, cocido al vapor con hierbas de olor

PARA LAS ENCHILADAS:

½	taza de aceite de girasol
16	tortillas medianas, recién hechas

PARA LA GUARNICIÓN:

1	taza de cilantro finamente picado
1	cebolla mediana, finamente picada
½	taza de crema natural, espesa

PARA PREPARAR LA SALSA VERDE:

En una cacerola ponga a hervir el agua, añada los tomates, la cebolla, los ajos y los chiles serranos; cocínelos durante 20 minutos. Una vez cocidos muélalos en la licuadora o procesador de alimentos con un poco del agua donde se cocinaron. En una sartén caliente el aceite, incorpore la cebolla; fríala hasta caramelizarla, vierta la salsa; sazone. Cocínela a fuego medio durante 15-20 minutos o hasta que espese. Rectifique la sazón. Apártela. Remuela nuevamente la salsa con el cilantro; cocínela a fuego lento durante 4-5 minutos. Rectifique la sazón.

PARA PREPARAR LOS CHILES POBLANOS:

Ase los chiles poblanos; cúbralos con un trapo húmedo, póngalos en una bolsa de plástico, súdelos durante 10-15 minutos; retíreles la piel, las semillas y las venas. Apártelos. Rellene cada chile con una cucharada de los quesos y una de pato deshebrado. En una sartén caliente selle cada chile por ambos lados procurando que el queso se derrita.

PARA PREPARAR LAS ENCHILADAS:

En una sartén caliente el aceite; fría las tortillas, escúrralas en papel servitoalla, repita el procedimiento con el resto de las tortillas.

PRESENTACIÓN:

En platos extendidos calientes haga una mancha de salsa, entrelace las tortillas fritas, coloque en el centro el chile relleno hacia abajo; báñelo con un poco de salsa hirviendo; recubra una parte del chile con la tortilla; vuelva a salsear. A un costado ponga una mancha de salsa verde. Adorne con la cebolla picada, el cilantro y la crema.

VARIACIONES:
- Descongele el pato, páselo por agua caliente, repóselo, masajéelo hasta que suelte la grasa. Prepare un recipiente con rejilla, coloque el pato con cebolla, ajo, hierbas de olor y sal de grano. Cocínelo durante 11/2-2 horas o hasta que se deshaga; que quede como barbacoa. Deshébrelo; utilice lo necesario y el resto congélelo o haga taquitos de comal y acompáñelos con salsa verde, con cebolla, cilantro picado, con crema y queso fresco.
- En lugar de carne de pato utilice carne de pollo, res, ternera o puerco.
- Puede hacer una salsa roja o de chiles secos.

NOTAS:
- Lave las verduras con un cepillo o una esponja, después desinfecte por 15 minutos. Escurra y deje orear antes de utilizarlas en la receta.
- Los chiles secos se desinfectan sólo por 5 minutos, ya que pueden perder su aroma y consistencia.
- Con la ayuda de unas pinzas ase el pollo a fuego directo para quemar los restos de las plumas.
- Lave el pollo, escúrralo y séquelo antes de utilizarlo en la receta.
- El pollo deberá tener la carne blanca; la piel brillante, firme y con olor fresco.
- Los miltomates son tomatitos pequeños cultivados en las milpas.
- El pollo tiene alto contenido de vitaminas A, C, B12, B3; ácido fólico, hierro y zinc.
- La crema contiene calorías y proteínas, así como vitaminas A, D y calcio.
- El queso es una rica fuente de calcio, proteínas y fósforo.

ENCHILADAS
DE CHILE PASILLA

PARA LA SALSA DE CHILE PASILLA:

14	chiles pasilla desvenados, limpios, fritos
8	chiles pasilla desvenados, limpios, asados
1½	tazas de pulque fresco
1	cebolla mediana, cortada en cuarterones
4	dientes de ajo medianos, sin piel
¾	taza de agua
¼	taza de aceite de oliva
½	cebolla finamente picada
3	tazas de caldo de pollo desgrasado, reducido a 1-1½ tazas
1	cucharadita de azúcar
3	cucharaditas de sal o al gusto

PARA LAS ENCHILADAS:

24	tortillas muy delgadas o recién hechas
2½	tazas de pollo deshebrado
2½	tazas de queso panela rallado

PARA LA GUARNICIÓN:

¾-1	taza de crema
1	taza de cebolla cortada en rebanadas delgadas

PARA PREPARAR
LA SALSA DE CHILE PASILLA:

En un recipiente agregue el pulque, remoje los chiles fritos y asados. En una licuadora o procesador de alimentos muela los chiles junto con el pulque, la cebolla, el ajo y el agua. En una cacerola grande caliente el aceite, fría la cebolla hasta caramelizarla, agregue la salsa. Sazone. Cocine a fuego lento durante 35-40 minutos o hasta que espese. Rectifique la sazón.

PARA PREPARAR LAS ENCHILADAS:

Ya para servir sumerja las tortillas en la salsa de chile pasilla, sáquelas, rellénelas con 1½ cucharadas de pollo y 1 cucharada de queso panela rallado. Repita el mismo procedimiento con el resto de las tortillas.

PRESENTACIÓN:

En platos extendidos ponga un poco de salsa, coloque 2-3 enchiladas rellenas de pollo con el queso; acompañe con las rebanadas de cebolla y crema. Adorne con un manchón de salsa y una línea de crema. Sírvalas calientes.

VARIACIONES:
- Rellene las tortillas con huevo revuelto.
- Hágalas con la combinación de puerco, manchego, asadero, Oaxaca o Chihuahua.
- Rellénelas con requesón o cottage drenado.

NOTAS:
- Lave las verduras con un cepillo o una esponja, después desinfecte por 15 minutos. Escurra y deje orear antes de utilizarlas en la receta.
- Los chiles secos se desinfectan sólo por 5 minutos, ya que pueden perder su aroma y consistencia.
- Lave el pollo, escúrralo y séquelo antes de utilizarlo en la receta.
- El pollo deberá tener la carne blanca; la piel brillante, firme y con olor fresco.
- El pollo tiene alto contenido de vitaminas A, C, B12, B3, ácido fólico, hierro y zinc.
- La chilaca cuando se seca es el chile pasilla negro, característico de la región del Bajío y de Michoacán. Su color es negro intenso; se utiliza en salsas.
- La crema contiene calorías y proteínas, así como vitaminas A, D y calcio.

TOSTADAS
DE POLLO

PARA LOS FRIJOLES:

6	tazas de agua
350	g [11.6 oz] de frijol negro limpio
1¼	cebollas medianas, cortadas en cuarterones
6	dientes de ajo medianos, sin piel
10	ramas de epazote
¾-1	cucharada de sal o al gusto

PARA FREÍR LOS FRIJOLES:

¼	taza de aceite de girasol
¼	taza de cebolla finamente picada

PARA LA PECHUGA DE POLLO:

3	tazas de agua
5	dientes de ajo medianos, sin piel
1	cebolla mediana, cortada en cuarterones
1	ramita de tomillo fresco
1	ramita de mejorana fresca
¾	taza de vinagre
¼	taza de aceite de oliva
2	zanahorias medianas, cortadas en sesgo
1	pechuga de pollo con hueso, grande, limpia
1	cucharadita de pimienta negra entera
1	cucharadita de pimienta gorda entera
4	cucharaditas de sal o al gusto

PARA FREÍR LAS TORTILLAS:

8	tortillas delgadas medianas
2	tazas de aceite de girasol

PARA LAS TOSTADAS:

24	cucharadas de frijoles refritos
3	tazas de pechuga de pollo finamente deshebrado
4	tazas de lechuga finamente rebanada Chiles encurtidos en rajas con zanahorias al gusto
8	cucharadas de crema espesa, natural

PARA LA GUARNICIÓN:

24	tortillas fritas

PARA COCER LOS FRIJOLES:

En una olla express ponga el agua a calentar. Lave los frijoles y escúrralos. Agréguelos, añada la cebolla, el ajo y el aceite. Tape la olla. Cocí-

nelos a fuego mediano durante ¾-1 hora. (Si cuece los frijoles en una olla de barro, tápelos con una cazuelita de barro, póngale agua para que mantengan la humedad. Cocínelos durante 2-2½ horas. En caso de que se evapore el agua añada otro poco de agua caliente). Destape a la mitad de su cocción; pruébelos para ver si están suaves. Sazónelos con un poco de sal, agregue el epazote; continúe su cocción hasta que se espesen. Rectifique la sazón.

PARA PREPARAR LOS FRIJOLES REFRITOS:

En una licuadora o procesador de alimentos muela los frijoles con un poco de su caldo; en una sartén caliente el aceite, fría la cebolla hasta caramelizarla; agregue los frijoles, cocínelos a fuego lento durante 15 minutos o hasta que espesen. Rectifique la sazón.

PARA COCER LA PECHUGA DE POLLO:

En una cacerola ponga el agua a hervir con la cebolla, los ajos, las hierbas de olor, el vinagre, el aceite de oliva, las zanahorias y la sal, agregue la pechuga; cocínela con el hueso hacia abajo durante 15 minutos a fuego lento, voltéela hacia arriba; cocínela durante 10 minutos más. Apáguela, déjela reposar y enfriar; deshébrela finamente; salpique con sal.

PARA FREÍR LAS TORTILLAS:

En una sartén honda caliente el aceite; fría las tortillas presionando suavemente para que se esponjen, voltéelas constantemente hasta que tomen un color dorado; páselas al papel absorbente para que se escurran; salpíquelas ligeramente con sal.

PARA PREPARAR LAS TOSTADAS:

En cada tostada ponga 3 cucharadas de frijoles refritos, ⅓ taza de pechuga de pollo deshebrada, ½ taza de lechuga. Acompañe con rajas de chiles encurtidos, zanahorias y una cucharada de crema espesa.

PRESENTACIÓN:

En platos extendidos coloque 3 tostadas, encima coloque la tostada preparada, salpique con poco de sal.

VARIACIONES:
- Si desea que el pollo quede picoso añádale el caldo de los chiles encurtidos.
- La crema puede congelarse durante 20 minutos antes de servir para que tenga una mejor consistencia.

NOTAS:
- Lave las verduras con un cepillo o una esponja, después desinfecte por 15 minutos. Escurra y deje orear antes de utilizarlas en la receta.
- Lave las pechugas, escúrralas y séquelas antes de utilizarlas en la receta.
- La pechuga deberá tener la carne blanca; la piel brillante, firme y con olor fresco.
- El pollo tiene alto contenido de vitaminas A, C, B12, B3, ácido fólico, hierro y zinc.
- La crema contiene calorías y proteínas, así como vitaminas A, D y calcio.
- El frijol es una fuente de proteínas; proporciona hierro, cobre, zinc, potasio y calcio.
- La lechuga mejora la circulación, disminuye el colesterol, previene la arterioesclerosis y es diurética.
- El maíz contiene calcio, sodio, potasio, vitaminas A, B1, B2, B3 y C.

CON MOLE

PARA EL MOLE:

350	g [11.6 oz] de chile mulato desvenado, limpio
100	g [3.3 oz] de chile pasilla desvenado, limpio
2	tazas de agua caliente
150	g [5 oz] de jitomates medianos, asados, sin piel
¾	taza de aceite de oliva
1½	cebollas medianas, cortadas en rodajas
3	dientes de ajo medianos, sin piel
40	g [1.3 oz] de almendras fritas
40	g [1.3 oz] de piñones fritos
40	g [1.3 oz] de avellanas fritas
150	g [5 oz] de ciruelas pasa fritas
40	g [1.3 oz] de pasitas fritas
1	plátano macho maduro frito
½	cucharadita de pimienta negra frita
½	cucharadita de clavo frito
½	cucharadita de anís frito
1	raja de canela de 3 cm [1.2 in] frita
40	g [1.3 oz] de ajonjolí frito
1	cocol mediano frito
1-1½	tortillas medianas fritas
1½-2	tablillas de chocolate mexicano o al gusto
50	g [1.6 oz] de piloncillo rallado
1½	tazas de caldo de pollo
1-2	cucharadas de sal o al gusto

PARA EL PATO:

8	tazas de agua
1	pato de 2½ kg [5 lb 8 oz]
2	cebollas medianas, cortadas en rebanadas
20	dientes de ajo medianos, sin piel, rebanados
1	cucharada de pimienta negra molida
2	cucharadas de sal de grano o al gusto

PARA LOS FRIJOLES:

6	tazas de agua
350	g [11.6 oz] de frijol negro, limpio
1¼	cebollas medianas, cortadas en cuarterones
6	dientes de ajo medianos, sin piel
2	cucharadas de aceite de girasol
10	ramas de epazote
¾-1	cucharada de sal o al gusto

PARA FREÍR LOS FRIJOLES:

¼	taza de aceite de girasol
¼	taza de cebolla finamente picada

PARA EL PATO CON MOLE:

2	tazas de mole en pasta
1	taza de caldo de pollo
3	tazas de pato deshebrado
	Sal al gusto

PARA LAS TORTAS:

8	teleras medianas
16	cucharadas de frijoles refritos
3	tazas de pato deshebrado con mole
16	cucharadas de lechuga finamente rebanada o al gusto
8	cucharadas de crema espesa, natural o al gusto
8-16	cucharadas de mole en pasta

PARA PREPARAR EL MOLE:

En una sartén fría ligeramente los chiles sin quemarlos. Póngalos a remojar en agua caliente. Reserve. Ase los jitomates. Apártelos. En una cazuela de barro caliente el aceite, fría las rodajas de cebolla con los ajos. Apártelos. En una licuadora o procesador de alimentos muela los chiles fritos, junto con la cebolla y los ajos fritos. Reserve. En la sartén caliente el aceite de oliva, fría las almendras, los piñones, las avellanas, las ciruelas pasa, las pasitas, el plátano macho, las especias, el cocol y las tortillas. Reserve. En la licuadora o procesador de alimentos muela las semillas, las especias, el plátano macho, el cocol, las tortillas junto con los jitomates, remuela 2 ó 3 veces hasta formar una pasta. Reserve. En la cazuela caliente, agregue la pasta de las especias; refría por 15-20 minutos e incorpore los chiles molidos, sazone. Agregue el chocolate, el piloncillo; cocine a fuego lento hasta que la grasa empiece a subir; vierta el caldo, continúe su cocción hasta obtener un mole con una consistencia de pasta. Rectifique la sazón.

PARA COCER EL PATO:

Queme con alcohol la cola del pato para destufarlo. Páselo a un recipiente profundo con agua caliente; masajéelo hasta que suelte su grasa, lávelo y séquelo con un trapo quitando el exceso de grasa. En una cacerola grande vierta el agua, ponga una rejilla; coloque el pato encima; añada la cebolla en rebanadas, los ajos, la pimienta y la sal. Tape la cacerola; cocínelo a vapor durante 3 horas a fuego lento, voltéelo ocasionalmente para obtener una cocción pareja. Deje enfriar. Deshebre la carne.

PARA COCER LOS FRIJOLES:

En una olla express ponga el agua a calentar. Lave los frijoles y escúrralos. Agréguelos, añada la cebolla, el ajo y el aceite. Tape la olla. Cocínelos a fuego mediano durante ¾-1 hora. (Si cuece los frijoles en una olla de barro, tápelos con una cazuelita de barro, póngale agua para que mantengan la humedad. Cocínelos durante 2-2½ horas. En caso de que se evapore el agua añada otro poco de agua caliente). Destape a la mitad de su cocción; pruébelos para ver si están suaves. Sazónelos con un poco de sal, agregue el epazote; continúe su cocción hasta que se espesen. Rectifique la sazón.

PARA PREPARAR LOS FRIJOLES REFRITOS:

En una licuadora o procesador de alimentos muela los frijoles con un poco de su caldo; en una sartén caliente el aceite, fría la cebolla hasta caramelizarla; agregue los frijoles, cocínelos a fuego suave durante 15 minutos o hasta que espesen. Rectifique la sazón.

PARA PREPARAR EL PATO CON MOLE:

En una cacerola caliente ponga la pasta de mole; agregue el caldo, muévalo hasta obtener una consistencia semiespesa. Añada el pato deshebrado, sazone con un poco de sal. Cocínelo a fuego lento durante 5 minutos. Rectifique la sazón.

PARA PREPARAR LAS TORTAS:

Con un cuchillo de sierra corte la telera por la mitad; retire el migajón. Úntele a la base 2 cucharadas de frijoles refritos, encima de esta póngale ½ taza de pato con mole, 2 cucharadas de lechuga, 1 cucharada de crema. Salpique con un poco de sal. Coloque la tapa de la telera con 1-2 cucharadas de mole en pasta; presione ligeramente con la palma de la mano.

PRESENTACIÓN:

En platos extendidos o platones sirva las tortas preparadas. Sírvalas calientes o frías.

VARIACIONES:
- Haga las tortas más pequeñas y sírvalas de botana.
- Haga tacos con tortillas recién hechas con el pato deshebrado con mole.

NOTAS:
- Lave las verduras con un cepillo o una esponja, después desinfecte por 15 minutos. Escurra y deje orear antes de utilizarlas en la receta.
- Los chiles secos se desinfectan sólo por 5 minutos, ya que pueden perder su aroma y consistencia.
- Los chiles se pueden freír y moler con sus semillas.
- Masajee el pato con agua caliente para que suelte su grasa.
- La carne de pato es rica en hierro y en vitaminas del grupo B.
- La crema contiene calorías y proteínas, así como vitaminas A, D y calcio.
- La lechuga mejora la circulación, disminuye el colesterol, previene la arterioesclerosis y es diurética.
- El frijol es una fuente de proteínas; proporciona hierro, cobre, zinc, potasio y calcio.

TORTA
DE POLLO

PARA EL POLLO:

3	tazas de agua
1½	cebollas medianas, cortadas en cuarterones
5	dientes de ajo medianos, sin piel
1	pechuga de pollo entera, grande, con hueso
3	cucharaditas de sal o al gusto

PARA LOS FRIJOLES:

6	tazas de agua
350	g [11.6 oz] de frijol negro, limpio
1¼	cebollas medianas, cortadas en cuarterones
6	dientes de ajo medianos, sin piel
2	cucharadas de aceite de girasol
10	ramas de epazote
¾-1	cucharada de sal o al gusto

PARA FREÍR LOS FRIJOLES:

¼	taza de aceite de girasol
¼	taza de cebolla finamente picada

PARA LAS TORTAS:

8	teleras medianas
16	cucharadas de crema espesa, natural
16	cucharadas de frijoles refritos
3	tazas de pechuga de pollo finamente deshebrado
16	cucharadas de lechuga finamente rebanada o al gusto
16	rebanadas de jitomate bola
16	rebanadas de aguacate
¼	taza de rajas de chile chipotle

PARA PREPARAR EL POLLO:

En una cacerola ponga a hervir el agua junto con la cebolla, el ajo y la sal, agregue la pechuga; cocínela con el hueso hacia abajo durante 15 minutos a fuego lento, voltéela hacia arriba; cocínela durante 10 minutos más. Apáguela, déjela reposar y enfriar; deshébrela finamente.

PARA COCER LOS FRIJOLES:

En una olla express ponga el agua a calentar. Lave los frijoles y escúrralos. Agréguelos, añada la cebolla, el ajo y el aceite. Tape la olla. Cocínelos a fuego mediano durante ¾-1 hora. (Si cuece los frijoles en una olla de barro, tápelos con una cazuelita de barro, póngale agua para que mantengan la humedad. Cocínelos durante 2-2½ horas. En caso de que se evapore el agua añada otro poco de agua caliente). Destape a la mitad de su cocción; pruébelos para ver si están suaves. Sazónelos con un poco de sal, agregue el epazote; continúe su cocción hasta que se espesen. Rectifique la sazón.

En una licuadora o procesador de alimentos muela los frijoles con un poco de su caldo; en una sartén caliente el aceite, fría la cebolla hasta caramelizarla; agregue los frijoles, cocínelos a fuego suave durante 15 minutos o hasta que espesen. Rectifique la sazón.

Precaliente el horno a 350 °F-150 °C durante 45 minutos.

Con un cuchillo de sierra corte la telera por la mitad; retire el migajón. Úntele a la tapa una cucharada de crema y a la base 2 cucharadas de frijoles refritos, encima de esta póngale 2 cucharadas de pollo deshebrado, 2 rebanadas de

aguacate, 2 rebanadas de jitomate, 2 cucharadas de lechuga y 2 rajitas de chile chipotle. Salpique con un poco de sal. Coloque la tapa de la telera; presione ligeramente con la palma de la mano. Barnice las teleritas con un poco de aceite; caliéntelas en horno precalentado durante 4 minutos antes de servirlas o sírvalas en frío.

PRESENTACIÓN:

En platos extendidos o platones sirva las tortas preparadas.

VARIACIONES:
- Puede hacer las tortas con chorizo, pavo rebanado con queso panela o manchego.
- Haga las tortas con queso de cabra, Oaxaca o panela y aguacate

NOTAS:
- Lave las verduras con un cepillo o una esponja, después desinfecte por 15 minutos. Escurra y deje orear antes de utilizarlas en la receta.
- Lave el pollo, escúrralo y séquelo antes de utilizarlo en la receta.
- El pollo deberá tener la carne blanca; la piel brillante, firme y con olor fresco.
- El pollo tiene las mismas propiedades nutritivas que el pavo. La pechuga es la parte más magra. Además es fuente de proteínas, vitaminas del grupo del complejo B como la B1, B3, B5, B6, biotina, B12; ácido fólico y minerales como el fósforo, el potasio, el magnesio, el hierro y el zinc.
- La lechuga mejora la circulación, disminuye el colesterol, previene la arterioesclerosis y es diurética.
- La crema contiene calorías y proteínas, así como vitaminas A, D y calcio.
- El frijol es una fuente de proteínas; proporciona hierro, cobre, zinc, potasio y calcio.
- El jitomate es rico en vitaminas A, B y C. También contiene calcio, hierro, cobre, potasio y propiedades antioxidantes.
- El aguacate tiene una gran cantidad de vitaminas, ácido fólico, omega 6 y 3, calcio, fósforo y hierro.

CHAPATA
DE PAVO

PARA EL PAVO:

1	pavo de 6 kg [13 lb 8 oz] crudo, congelado
	Agua (la necesaria)
1	taza de sal de grano

PARA LA MARINADA:

300	g [10 oz] de mantequilla
4	dientes de ajo medianos, molidos
1	taza de salsa inglesa
1	taza de salsa de soya
½	cucharada de pimienta negra recién molida
½	cucharada de hierbas finas
½	cucharada de sal de cebolla
½	cucharada de sal de ajo
4	tazas de leche
1	lienzo de manta de cielo

PARA LAS CHAPATAS:

8	chapatas de 15 x 8 cm [6 x 3.2 in]
8	cucharadas de mostaza en grano
8	cucharadas de crema natural, espesa
4	cucharaditas de chipotle adobado
56	rebanadas de pavo muy delgadas
40	rebanadas delgadas de aguacate
3	cebollas medianas, cortadas en sesgo
56	rebanadas de jitomate medianas
4	tazas de germinado de alfalfa
4	hojas de lechuga francesa
4	hojas de lechuga maple verde
4	hojas de lechuga sangría
4	hojas de lechuga lola rose baby
	Sal al gusto

PARA PREPARAR EL PAVO:

En un contenedor con agua y sal de grano, ponga a descongelar el pavo destapado durante toda la noche, lávelo, retire las vísceras que se encuentran dentro de la cavidad y el resto de las plumas. Escúrralo y séquelo.

PARA PREPARAR LA MARINADA:

En un recipiente bata la mantequilla junto con los dientes de ajo molidos, la salsa inglesa, la salsa de soya, la pimienta, las hierbas finas, la sal de cebolla y la sal de ajo. Rectifique la sazón. En una charola grande honda cubierta con papel aluminio coloque el pavo. Unte la marinada. Repóselo durante 6 horas a temperatura ambiente cubierto con el lienzo humedecido de leche sin exprimir.

PARA HORNEAR EL PAVO:

Precaliente el horno 4 horas antes; baje la temperatura a 375 ºF-200 ºC.

Pase el pavo a una charola profunda; hornéelo tapado con papel aluminio; báñelo cada ½ hora. Si se seca mucho agregue 2 tazas de agua. Hornee de 3-4 horas hasta que salga el jugo rosado. Voltéelo constantemente para que se cocine parejo, destápelo los últimos 50 minutos para que se dore y quede crujiente la piel. Retírelo del horno para que repose durante 20-25 minutos para que se hidrate y se pueda rebanar.

PARA PREPARAR LAS CHAPATAS:

Con un cuchillo de sierra corte la chapata por la mitad; retire el migajón. Úntele a la base como a la tapa una cucharada de crema espesa, una de mostaza y una cucharadita de chipotle. Sobre la base coloque 7 rebanadas de pavo, 7 rebanadas de jitomate, 5 rebanadas de aguacate; sobreponga ½ taza de germinado de alfalfa, ¼ de hoja de lechuga francesa, ¼ de hoja de lechuga maple verde, ¼ de hoja de lechuga sangría, ¼ de hoja de lechuga lola rose baby. Salpique con un poco de sal. Coloque la tapa de la chapata; presione ligeramente con la palma de la mano.

PRESENTACIÓN:

En platos extendidos sirva las chapatas preparadas.

VARIACIONES:
- Con el pavo restante deshébrelo y haga tacos.
- Sirva el pavo rebanado con ensalada.
- Corte el pavo en cuadros pequeños, haga una ensalada con apio, cebolla, mayonesa, mostaza, vinagre, pimienta y sal.
- Haga sandwiches con pan integral, pan de costra o con semillas.

NOTAS:
- Lave las verduras con un cepillo o una esponja, después desinfecte por 15 minutos. Escurra y deje orear antes de utilizarlas en la receta.
- Lave y desinfecte el germinado, escúrralo y deje orear hasta que esté seco.
- Lave el pavo, escúrralo y séquelo antes de utilizarlo en la receta.
- El pavo deberá tener la carne blanca; la piel brillante, firme y con olor fresco.
- El pavo tiene las mismas propiedades nutritivas que el pollo. La pechuga es la parte más magra. Además el pavo es fuente de proteínas, vitaminas del grupo del complejo B como la B1, B3, B5, B6, biotina, B12; ácido fólico y minerales como el fósforo, el potasio, el magnesio, el hierro y el zinc.
- La lechuga mejora la circulación, disminuye el colesterol, previene la arterioesclerosis y es diurética.
- La crema contiene calorías y proteínas, así como vitaminas A, D y calcio.
- La mostaza contiene calorías y proteínas; así como vitaminas A, C y E.
- El jitomate es rico en vitaminas A, B y C. También contiene calcio, hierro, cobre, potasio y propiedades antioxidantes.
- El germinado de alfalfa contiene vitaminas y minerales como calcio y fósforo.
- El aguacate tiene una gran cantidad de vitaminas, ácido fólico, omega 6 y 3, calcio, fósforo y hierro.

A LOS TRES CHILES SECOS

PARA EL CALDO:

16	tazas de agua
2	kg [4 lb 6 oz] de pollo cortado o uno entero, limpio
4	ramas de apio limpias
4	zanahorias grandes, limpias, partidas en cuarterones
1	cebolla mediana, en cuarterones
6	dientes de ajo medianos, sin piel
1	cucharada de consomé en polvo
¾	cucharada de sal de grano o al gusto

PARA LA SALSA DE TRES CHILES:

2	tazas de agua
3	chiles chipotle secos, desvenados, limpios
3	chiles ancho desvenados, limpios
3	chiles guajillo desvenados, limpios
1	jitomate grande, maduro
¼	cebolla cortada
2	dientes de ajo medianos, sin piel
3	chiles chipotle desvenados, limpios, fritos
1	rama de epazote
	Sal al gusto

PARA LA GUARNICIÓN:

2	calabazas grandes, cortadas en juliana, pasadas por agua caliente
1	chayote grande, cortado en juliana, pasado por agua caliente
1	chayote blanco cortado en juliana, pasado por agua caliente
1	zanahoria grande, cortada en espiral
4	tazas de agua
8	chiles chipotle enteros, limpios, fritos
	Sal de grano

PARA PREPARAR EL CALDO:

En una olla grande ponga a hervir el agua con la mitad de la sal, incorpore el pollo. Cocine a fuego mediano. Sazone. Espume el caldo. Añada las verduras junto con el consomé y la sal. Tápelo. Continúe su cocción a fuego lento durante 2 horas o más. Retire. Deje enfriar el caldo, desgráselo y cuélelo. Rectifique la sazón.

PARA PREPARAR LA SALSA DE TRES CHILES:

En una cacerola ponga a hervir el agua, incorpore los chiles y el jitomate. Cocínelos durante 10-15 minutos. Déjelos enfriar. Muélalos en la licuadora o procesador de alimentos junto con la cebolla y el ajo. Cuélelos. Vierta la salsa al caldo. Agregue los 3 chiles chipotles fritos y una rama de epazote; para darle mejor sabor. Déjelo hervir durante 20 minutos. Repóselo y desgráselo. Rectifique la sazón.

PARA PREPARAR LA GUARNICIÓN:

Corte la verdura en juliana delgada. En una cacerola ponga a hervir agua con sal. En un colador sumerja la verdura en el agua hirviendo durante 30 segundos. Sáquela y pásela por agua fría.

Al sumergir el chayote blanco agregue 1 cucharada de azúcar para que obtenga otro sabor.

PRESENTACIÓN:

Antes de servir el caldo cuélelo con un lienzo de manta de cielo. Vuelva a calentarlo. Sirva ¾ de taza del caldo en tazones calientes, acompáñelo con las verduras blanqueadas en salseritas; a un costado adorne con el chile chipotle frito. A la hora de comerlo, introduzca las verduras al caldo.

VARIACIONES:
- Acompañe el caldo con limón.
- Agréguele verdura picada cocida en muy poco agua.
- Incorpórele garbanzos y flor de calabaza.
- Añada cuitlacoche guisado.

NOTAS:
- Lave las verduras con un cepillo o una esponja, después desinfecte por 15 minutos. Escurra y deje orear antes de utilizarlas en la receta.
- Los chiles secos se desinfectan sólo por 5 minutos, ya que pueden perder su aroma y consistencia.
- El pollo deberá tener la carne blanca; la piel brillante, firme y con olor fresco.
- Con la ayuda de unas pinzas ase el pollo a fuego directo para quemar los restos de las plumas.
- Lave el pollo, escúrralo y séquelo antes de utilizarlo en la receta.
- El pollo tiene alto contenido de vitaminas A, C, B12, B3; ácido fólico, hierro y zinc.

EN ADOBO

PARA EL ADOBO:

½	taza de aceite de oliva
12	chiles ancho limpios, desvenados, secos
3	tazas de agua
⅓	taza de vinagre de vino tinto
24	cucharaditas de vinagre de barril
1	cebolla mediana, partida en cuarterones
4	dientes de ajo medianos, sin piel
1	cucharada de orégano seco, molido
1	cucharada de pimienta negra
3	cucharaditas de sal o al gusto

PARA MARINAR LOS PICHONES:

16	pichones o codornices de 90-100 g [3-3.3 oz] limpios
⅓	taza de aceite de oliva
8	cucharadas de mantequilla Orégano seco al gusto

PARA FREÍR LOS PICHONES:

⅓	taza de aceite de oliva
½	taza de mantequilla

PARA LA GUARNICIÓN:

⅓	taza de aceite de girasol
½	taza de cebolla finamente picada
1	taza de frijoles bayos refritos
16	cucharadas de adobo
16	cucharadas de queso manchego, panela, adobera o Pijijiapan rallado

PARA PREPARAR EL ADOBO:

En una sartén caliente el aceite, fría los chiles ligeramente. Retírelos. En un recipiente mezcle el agua con el vinagre, ponga a remojar los chiles durante 40 minutos. En la licuadora o procesador de alimentos muélalos junto con la cebolla, los ajos, el orégano, la pimienta, con 1½ tazas del agua y vinagre donde se remojaron, sazone con sal. Reserve.

PARA MARINAR LOS PICHONES:

En un refractario ponga los pichones a marinar con el adobo. Agregue el aceite, la mantequilla y el orégano; déjelos reposar durante 1 hora.

PARA PREPARAR LA GUARNICIÓN:

En una sartén ponga a calentar el aceite, fría la cebolla hasta caramelizarla, agregue los frijoles; refríalos junto con el adobo y el queso; cocínelos hasta obtener una consistencia semiespesa.

PARA FREÍR LOS PICHONES:

Precaliente una sartén durante ½ hora, agregue el aceite y la mantequilla, fría los pichones por ambos lados. Sazónelos. Báñelos constantemente con el adobo en donde se marinaron. Cocínelos hasta que estén dorados. El resto del adobo cocínelo hasta que espese. Rectifique la sazón.

PRESENTACIÓN:

En platos extendidos calientes haga un manchón de los frijoles con el adobo, encima coloque un pichón frito recién hecho. Acompañe con tortillas recién hechas. Sirva de inmediato.

VARIACIONES:
- Acompañe con arroz o verduras al vapor.
- Puede acompañar con ensalada de lechugas mixtas.
- Marine alones o pechugas, áselas.

NOTAS:
- Lave las verduras con un cepillo o una esponja, después desinfecte por 15 minutos. Escurra y deje orear antes de utilizarlas en la receta.
- Los chiles secos se desinfectan sólo por 5 minutos, ya que pueden perder su aroma y consistencia.
- Lave los pichones, escúrralos y séquelos antes de utilizarlos en la receta.
- El queso es una rica fuente de calcio, proteínas y fósforo.
- El frijol es una fuente de proteínas; proporciona hierro, cobre, zinc, potasio y calcio.

PICHONES RELLENOS
A LA OAXAQUEÑA

PARA EL MOLE:

15	chiles chihuacle limpios, desvenados, ligeramente fritos o asados mas 5 chiles quemados, remojados en agua caliente
2-3	chiles chipotle secos, limpios, desvenados, ligeramente fritos o asados mas 2 chiles quemados, remojados en agua caliente
7	chiles pasilla, limpios, desvenados, ligeramente fritos o asados mas 3 chiles quemados, remojados en agua caliente
2	cucharadas de semillas de los chiles, asadas o ligeramente fritas
8	semillas de cilantro asadas
6	hojas de aguacate asadas
1	cucharada de pimienta gorda asada
1	cucharada de pimienta negra asada
6	jitomates grandes, asados
4	cebollas medianas, asadas
14	dientes de ajo sin piel, asados
1	cucharada de manteca o aceite vegetal
1	pan de yema ligeramente frito, remojado
300	g [10 oz] de almendra frita
300	g [10 oz] de nuez frita
1	plátano macho mediano, frito
2	tortillas quemadas
2	cucharaditas de canela en raja molida
8	tazas de pollo o gallina desgrasado
2	tazas mas 2 cucharadas de manteca
4-6	tablillas de chocolate con canela o al gusto
4	cucharadas de sal o al gusto

PARA EL RELLENO DE FLOR DE CALABAZA:

½	taza de aceite de oliva o manteca (puede mezclarlos)
1½	cebollas medianas, finamente picadas
8	dientes de ajo sin piel, finamente picados
1½	kg [3 lb 5 oz] de flor de calabaza limpia, finamente picada
4	jitomates medianos, pasados por agua caliente, sin piel, finamente picados
8	calabacitas ralladas
150	g [5 oz] de mantequilla
¾	taza de azúcar
8	yemas
¾	taza de harina de arroz cernida 3 veces
8	claras
300	g [10 oz] de queso Oaxaca fresco, manchego, Chihuahua o gruyère rallado
1	cucharadita de sal o al gusto

PARA LOS PICHONES:

8	pichones o gallinitas, limpios, partidos por la mitad sin separarlos
½	cebolla asada, molida
6	dientes de ajo sin piel, asados, molidos
1	cucharada de pimienta negra recién molida
10	dientes de ajo sin piel, cortados por la mitad
100	g [3.3 oz] de mantequilla en trocitos
1	taza de aceite de oliva
	Sal al gusto

En una sartén fría ligeramente los chiles hasta que doren sin quemarlos. Reserve. Los demás chiles áselos a fuego lento aplastándolos con la parte de atrás de una cuchara, rocíelos con agua durante su cocción de un lado y del otro hasta que empiecen a quemarse y huelan a carbón. Póngalos a remojar en agua caliente. Ase las semillas de los chiles, las semillas de cilantro, las hojas de aguacate y las pimientas. Retírelas. Apártelas. Ase igualmente los jitomates, las cebollas junto con los ajos. Reserve. En una sartén ponga la cucharada de manteca o aceite vegetal, fría el pan de yema, las almendras, las nueces y el plátano macho. Reserve. A fuego directo queme las tortillas; apártelas. En la licuadora o en el molcajete, muela las especias, las semillas, las tortillas junto con el plátano macho y remuela 2 ó 3 veces. Reserve. Muela el jitomate junto con la cebolla y el ajo. Aparte muela los chiles con un poco de caldo. En una cazuela caliente la manteca, fría las especias, cocínelas hasta que se vea el fondo de la cazuela, sazone con un poco de sal; añada el jitomate, refría por 15-20 minutos e incorpore los chiles molidos, sazone. Agregue el chocolate, cocine a fuego lento hasta que la grasa empiece a subir; sazone nuevamente; vierta el caldo restante, continúe su cocción hasta obtener un mole con una consistencia semiespesa y aterciopelada. Rectifique la sazón.

PARA PREPARAR EL RELLENO DE FLOR DE CALABAZA:

Precaliente el horno a 350 °F-175 °C durante 1 hora.

En una sartén ponga a calentar el aceite, acitrone la cebolla y el ajo, agregue la flor de calabaza. Saltéela. Añada los jitomates y las calabacitas. Sazone. Cocine a fuego lento hasta obtener una salsa espesa. Deje enfriar.

En la batidora ponga la mantequilla, agregue el azúcar y bata hasta que esponje. Incorpore la flor de calabaza guisada. Añada las yemas, la harina de arroz cernida y el queso. Aparte, bata las claras con la sal a punto de turrón; envuélvalas a la pasta de la flor de calabaza. Engrase un molde rectangular o de rosca y vierta la pasta. Hornéela durante 40-45 minutos hasta que dore. Desmolde. Deje enfriar. Corte la tarta en cuadros con la ayuda de un molde.

PARA PREPARAR LOS PICHONES:

Precaliente el horno a 350 °F-175 °C durante 1 hora.

Vierta a los pichones la cebolla, los ajos y la pimienta molidos. Encima coloque los ajos cortados por la mitad, la mantequilla en trocitos, el aceite de oliva y salpíquelos con sal. Déjelos marinar durante 30 minutos. Hornéelos de 45 minutos a 1 hora hasta que doren.

PRESENTACIÓN:

En platos extendidos calientes haga un manchón de mole negro, coloque en el centro un cuadro de la tarta de flor de calabaza; encima ponga un pichón doradito. Sirva de inmediato.

VARIACIONES:
- El mole restante déjelo enfriar y congélelo.
- Sobre un platón grande de barro acomode los pichones o las gallinitas. Acompañe con enchiladas salpicadas con ajonjolí, adornadas con queso desmoronado y rebanadas de cebolla. Sirva inmediatamente.
- Haga el mole con guajolote.
- Sirva con huevos estrellados y arroz blanco o rojo.

NOTAS:
- Lave las verduras con un cepillo o una esponja, después desinfecte por 15 minutos. Escurra y deje orear antes de utilizarlas en la receta.
- Los chiles secos se desinfectan sólo por 5 minutos, ya que pueden perder su aroma y consistencia.
- Lave los pichones, escúrralos y séquelos antes de utilizarlos en la receta.
- Los chiles se pueden freír y moler con sus semillas.
- La flor de calabaza es rica en calcio, fósforo, vitamina C y ácido fólico.

EN RELLENO NEGRO

PARA LAS GALLINITAS:

4	gallinitas o pollitos de leche, limpios
	Aguja e hilo

PARA MARINAR LAS GALLINITAS:

2	dientes de ajo sin piel
½	cebolla
½	taza de aceite de oliva
½	taza de mantequilla cortada en cuadritos

PARA EL RELLENO DE LAS GALLINTAS:

750	g [1 lb 10 oz] de carne molida de res, puerco y ternera
¾	cebolla molida
3	dientes de ajo medianos, sin piel, asados, molidos
1 ½	cucharadas de recaudo para bistec
8	huevos de codorniz cocidos (durante 4 minutos)
	Sal al gusto

PARA EL CHILMOLE:

2	tazas de agua
700	g [1 lb 8 oz] de tomate verde mediano, sin cáscara
4	chiles serranos
3	cebollas medianas, asadas
8	dientes de ajo sin piel, asados
4	paquetes de chilmole de 100 g [3.3 oz] cada uno
⅓	taza de aceite de oliva o manteca
2	rebanadas de cebolla
5	tazas de caldo de pollo reducido a 2½-3 tazas
8	ramas de epazote
2	cucharadas de consomé en polvo
2	cucharadas de sal gruesa o al gusto

PARA LA GUARNICIÓN 1:

3	cebollas moradas medianas, rebanadas
4	tazas de agua
2	tazas de vinagre blanco
10	hojas de laurel
1	cucharada de tomillo
1	cucharada de orégano
1-1½	cucharadas de sal o al gusto

PARA LA GUARNICIÓN 2:

2	cebollas moradas asadas
6	naranjas agrias, su jugo
24	huevos de codorniz cocidos (durante 4 minutos)
8	chiles habaneros
2	cucharadas de sal de grano o al gusto

En la licuadora muela el ajo, la cebolla, el aceite de oliva y la mantequilla; barnice las gallinitas; déjelas marinar durante 45 minutos.

PARA PREPARAR LAS GALLINITAS:

En un recipiente ponga las carnes, mézclelas con la cebolla, los ajos molidos, el recaudo y la sal hasta dejar una pasta. Deje reposar durante 20 minutos. Forme un rollo por partes. Rellene cada gallinita con 187 g [6.2 oz] de carne y 2 huevos de codorniz enteros. Cierre la cavidad

cosiendo la piel en forma de zig zag con aguja e hilo, en el cuello ponga otro poco de relleno, amarre las gallinitas.

PARA PREPARAR EL CHILMOLE:

En una cacerola caliente el agua, añada los tomates verdes, los chiles serranos, la cebolla y los ajos asados; cocínelos durante 20 minutos. Deje enfriar. En la licuadora o procesador de alimentos muélalos junto con el chilmole. En una cacerola grande ponga el aceite, fría la ce-

bolla hasta caramelizarla; vierta los ingredientes ya molidos. Sazone. Agregue las gallinitas al chilmole, cúbralas con el caldo reducido; añada el epazote y el consomé en polvo. Tape la cacerola con papel aluminio, cocínelas durante 2½ horas a fuego muy lento para que se cocinen parejo. Rectifique la sazón.

PARA PREPARAR LA GUARNICIÓN 1:

Rebane finamente la cebolla; póngala en un recipiente con agua caliente durante 1 minuto; retire el agua e incorpore el vinagre junto con las hierbas de olor.

PARA PREPARAR LA GUARNICIÓN 2:

Parta la cebolla por la mitad; ásela durante 5 minutos, pásela al chorro de agua caliente; póngala en un recipiente con el jugo de naranja agria y la sal.

PRESENTACIÓN:

En platos extendidos haga un manchón de chilmole caliente, sirva la mitad de la gallinita caliente. Acompañe con 3 huevos de codorniz cocidos y la cebolla morada. Adorne con un chile habanero.

VARIACIÓN:
• Puede servir las gallinitas enteras.

NOTAS:
• Lave las verduras con un cepillo o una esponja, después desinfecte por 15 minutos. Escurra y deje orear antes de utilizarlas en la receta.
• Lave las gallinitas, escúrralas; séquelas antes de utilizarlas en la receta.
• Si la gallinita es fresca deberá tener un color rosado; si es congelada, el hielo deberá estar transparente y la carne no quemada ni seca.
• La gallinita tiene alto contenido de vitaminas B1, B2, hierro, potasio, sodio, fósforo y calcio.
• El huevo de codorniz contiene vitaminas B1, B2, A, D, E, H y C. También minerales como hierro, fósforo, magnesio y calcio.

GALLINITAS CON JALEA
DE CHABACANO Y PERÓN

PARA LAS GALLINITAS:

4	gallinitas o pollitos de leche
	Hilo de cáñamo
1½	tazas de vino blanco
¼	taza de tequila añejo
¼	taza de tequila blanco
½	cabeza de ajo mediana, asada
1	cebolla mediana, asada
½	cucharada de pimienta gorda entera, asada
½	cucharada de pimienta negra entera, asada
1	cucharada de orégano asado
20	hojas de aguacate asadas ligeramente
½	taza de aceite
2	cucharadas de consomé de pollo en polvo
3	cucharaditas de sal o al gusto

PARA EL ESCABECHE EN FRÍO:

½	taza de vinagre
¼	taza de aceite de oliva
1½	cebollas medianas, finamente rebanadas en sesgo
2	chiles cuaresmeños verdes, en rajas, sin semillas
2	cucharadas de pimienta gorda entera
¾-1	cucharada de sal o al gusto

PARA LA GUARNICIÓN:

24	cucharadas de mermelada de chabacano
24	cucharadas de perón rallado

PARA PREPARAR LAS GALLINITAS:

Precaliente el horno a 300 °F-150 °C durante 1 hora.

En una charola grande y honda cubierta de papel aluminio coloque las gallinitas. Amárreles las piernas con el hilo de manera que queden hacia el centro donde termina la pechuga. En un recipiente mezcle el vino blanco con los tequilas. Con la ayuda de una jeringa inyecte el licor a las gallinitas por todos lados. Precaliente una sartén; ase ligeramente los ajos, la cebolla, las pimientas, el orégano y las 5 hojas de aguacate; muélalos junto con el aceite hasta formar una pasta. Levante con cuidado la piel de la carne de las gallinitas, introduciendo los dedos para que quede completamente despegada. Una vez separada, introduzca la pasta dentro de la pechuga, alas, piernas y muslos; aplane suavemente con las manos para que quede uniforme. Salpique por todos lados consomé en polvo y sal. Hornee las gallinitas durante 1-1½ horas, barnice constantemente con el jugo de las gallinitas para que no se resequen.

PARA PREPARAR EL ESCABECHE:

En un recipiente añada el vinagre, el aceite, las cebollas, los chiles, las pimientas y la sal. Incorpore todos los ingredientes. Rectifique la sazón.

PARA PREPARAR LA GUARNICIÓN:

En un recipiente ponga las cucharadas de mermelada de chabacano, mézclas con el perón rallado hasta obtener una consistencia semiespesa.

PRESENTACIÓN:

En un platón coloque las gallinitas enteras calientes; sírvalas en mitades o en rebanadas delgadas, o córtelas en trozos. Acompañe con el escabeche. Adorne con un manchón de jalea de chabacano y perón.

VARIACIONES:
- Acompañe las gallinitas con arroz al vapor.
- Sirva con nopales asados o ensalada de nopales.
- Prepare pavo con la marinada; dependiendo de los kilos será la marinada.
- Sírvalas con mermelada de ciruela fresca.
- La jalea de chabacano se puede revolver con manzana rallada.
- La jalea puede utilizarla en muffins, panes tostados, conchas o cuernitos.
- Puede utilizar la jalea para glasear tartaletitas, deberá tener una consistencia más ligera.

NOTAS:
- Lave las verduras y las frutas con un cepillo o una esponja, después desinfecte por 15 minutos. Escurra y deje orear antes de utilizarlas en la receta.
- Lave las gallinitas, escúrralas y séquelas antes de utilizarlas en la receta.
- La gallinita si es fresca deberá tener un color rosado; si es congelada, el hielo deberá estar transparente y la carne no quemada ni oscura.
- La gallinita tiene alto contenido de vitaminas A, C, B12, B3, ácido fólico, hierro y zinc.
- El chabacano es bueno en casos de anemia por su contenido de azúcares y hierro.
- El perón contiene calcio, hierro, fósforo, potasio y su riqueza en fibra ayuda al control del colesterol.
- Las ciruelas contienen vitaminas A, C, B1, B2, E; y minerales como potasio, magnesio, fósforo, calcio, hierro y azufre.

CON SALSA DE PULQUE

PARA LAS GALLINITAS:

4	gallinitas limpias o 4 pechugas con hueso partidas en 4 piezas

PARA LA MARINADA:

1½	cebollas medianas, molidas
6	dientes de ajo medianos, sin piel, molidos
1	cucharadita de pimienta negra entera
1	cucharadita de pimienta gorda entera
150	g [5 oz] de achiote en pasta
1	taza de jugo de naranja con un poco de vinagre o el jugo de 6 toronjas
1	taza de aceite de oliva
1	cucharada de orégano en hoja
2	tazas de pulque fresco
1½	tazas de vino blanco
½	taza de tequila
¾-1½	cucharadas de sal o al gusto

PARA LA GUARNICIÓN 1:

4	cebollas medianas, moradas, fileteadas
1½	tazas de agua caliente
3	tazas de vinagre de sidra
6	dientes de ajo grandes, sin piel, rebanados
20	pimientas negras enteras
20	pimientas gordas enteras
10	hojas de laurel fresco
1½	cucharadas de orégano
¾-1	cucharada de sal gruesa o al gusto

PARA LA GUARNICIÓN 2:

16	calabacitas cortadas en rebanadas a lo largo, de 1cm [.4 in] de ancho, blanqueadas en agua con sal; pasadas por agua con hielo
½	taza de aceite de oliva
¼	taza de mantequilla derretida
1	cucharadita de azúcar
¾-1½	cucharadas de sal o al gusto

En la licuadora, procesador de alimentos o en el molcajete muela la cebolla, los dientes de ajo y las pimientas. En un recipiente disuelva el achiote con el jugo de naranja con vinagre. Agregue el aceite de oliva, el orégano, el pulque, el vino blanco, el tequila y la sal. Mezcle hasta que quede con una consistencia semiespesa. Rectifique la sazón.

PARA PREPARAR LAS GALLINITAS:

Precaliente el horno a 350 °F-175 °C durante 1 hora.

En un recipiente acomode las gallinitas o las pechugas. Únteles la marinada por todos lados. Déjelas marinar durante 4 horas o toda la noche.

En una charola para horno, hornee las gallinitas o las pechugas, báñelas constantemente durante 45 minutos o hasta que estén suaves. Retírelas. Manténgalas calientes envueltas en papel aluminio para que sus jugos hidraten la carne.

PARA PREPARAR LA GUARNICIÓN 1:

Pase las cebollas fileteadas por agua caliente. Escúrralas. En un recipiente ponga las cebollas moradas, el vinagre, los ajos, las pimientas, las hojas de laurel, el orégano y la sal. Reserve. Rectifique la sazón.

PARA PREPARAR LA GUARNICIÓN 2:

Precaliente el horno a 300 °F-150 °C durante 1 hora.

Engrase una charola para horno, coloque las calabacitas blanqueadas, secas; roció con aceite de oliva y mantequilla; salpique con un poco de azúcar y sal. Hornéelas durante 6 minutos de manera que queden ligeramente asadas.

PRESENTACIÓN:

En platos extendidos coloque 3 rebanadas de calabacitas, encima ponga la mitad de la gallinita caliente. Acompañe con las cebollas moradas. Haga una línea con el jugo de las gallinitas.

VARIACIONES:
- Acompáñelas con salsa de habanero asado con naranja agria.
- Las gallinitas se pueden servir enteras.
- Al jugo de las gallinitas se le puede agregar un poco de pulque para hacer una salsa.
- Con las gallinitas marinadas, cocidas, desmenúcelas; haga salbutes, taquitos o tostadas.

NOTAS:
- Lave las verduras con un cepillo o una esponja, después desinfecte por 15 minutos. Escurra y deje orear antes de utilizarlas en la receta.
- Lave las gallinitas, escúrralas y séquelas antes de utilizarlas en la receta.
- La gallinita si es fresca deberá tener un color rosado; si es congelada, el hielo deberá estar transparente y la carne no quemada.
- La gallinita tiene alto contenido de vitaminas A, C, B12, B3, ácido fólico, hierro y zinc.
- La cebolla morada contiene calcio, fósforo, potasio, vitamina C, ácido fólico y vitamina E.
- La calabaza es rica en vitaminas A y C; en carotenos y betacarotenos.

PECHUGAS DE POLLO
A LA MANDARINA

PARA LA MARINADA:

6	tazas de jugo de mandarina reducidas a 2 tazas
1	naranja, su ralladura
1	limón, su ralladura
½	cucharadita de pimienta o al gusto
1-1½	cucharaditas de sal o al gusto

PARA LAS PECHUGAS:

4	pechugas de pollo enteras, deshuesadas, partidas por la mitad, sin piel, limpias
⅓	taza de aceite puro de oliva
80	g [2.6 oz] de mantequilla suave

PARA LA SALSA:

⅓	taza de aceite de oliva
2	dientes de ajo medianos, sin piel, finamente picados
1½	tazas de echalotes finamente picadas
1	taza de zanahorias sin piel, ralladas
1½	tazas de poro rallado
2	tazas de champiñones limpios, rebanados finamente en sesgo
2-2½	cucharaditas de sal o al gusto

PARA LA GUARNICIÓN:

Ralladura de naranja y de limón en hilos

PARA PREPARAR LA MARINADA:

En un refractario coloque las pechugas de pollo; marine con el jugo de mandarina reducido y las ralladuras; sazone con pimienta y sal; repóselas durante 2 horas dentro del refrigerador.

PARA PREPARAR LA SALSA:

En una sartén caliente el aceite de oliva, salpique un poco de sal; acitrone los ajos junto con las echalotes hasta tomar un color dorado ligero, añada las zanahorias, el poro y los champiñones. Sazone con un poco de sal. Cocine durante 1 hora a fuego lento, añada el jugo de mandarina reducido donde se marinaron las pechugas. Reserve una cuarta parte de la verdura, el resto licúelo y vierta la salsa a las pechugas. Rectifique la sazón.

PARA PREPARAR LAS PECHUGAS:

Precaliente el horno a 350 °F-175 °C durante 1 hora.

Hornee las pechugas durante 10 minutos, báñelas constantemente con la marinada para que queden jugosas. En una sartén caliente el aceite de oliva y la mantequilla; saque las pechugas del horno y séllelas para que se caramelicen junto con sus jugos. Rectifique la sazón.

PRESENTACIÓN:

En platos extendidos coloque al centro la mitad de una pechuga caliente partida en trozos. Salsee la pechuga con el jugo caramelizado, acompañe al frente con la verdura salteada, adorne con la ralladura de naranja y de limón.

VARIACIONES:
- Sirva las pechugas enteras con arroz salvaje.
- Con la grasa que sueltan las pechugas desglase con un poco de salsa o caldo para formar una salsa espesa.

NOTAS:
- Lave las verduras con un cepillo o una esponja, después desinfecte por 15 minutos. Escurra y deje orear antes de utilizarlas en la receta.
- Lave las pechugas, escúrralas y séquelas antes de utilizarlas en la receta.
- La pechuga deberá tener la carne blanca; la piel brillante, firme y con olor fresco.
- El pollo tiene alto contenido de vitaminas A, C, B12, B3, ácido fólico, hierro y zinc.
- La mandarina contiene vitamina C y B, ácido cítrico, azúcar reductora y caroteno.
- La zanahoria contiene fósforo; además tiene propiedades naturales para mejorar la vista, es antioxidante, es eficaz protector de la piel, estimula el apetito y es diurética.
- Los champiñones son ricos en cobre, iodin, manganeso, potasio, selenio, zinc y proteínas.
- El poro contiene vitaminas A, C y B6. Y minerales como: potasio, calcio, fósforo, sodio y hierro.

AL CHIPOTLE

PARA LA MANTEQUILLA DE CHIPOTLE:

180	g [6 oz] de mantequilla a temperatura ambiente
8	chiles chipotles encurtidos, con su jugo, picados
1½	cebollas medianas
2	dientes de ajo medianos, sin piel
½	cucharadita de pimienta negra recién molida o al gusto
½-¾	cucharada de sal o al gusto

PARA LAS PECHUGAS:

4	pechugas cortadas por la mitad, deshuesadas, sin aplanar
½	taza de aceite de girasol

PARA LA GUARNICIÓN:

3	manzanas sin piel, ralladas
4	zanahorias grandes, sin piel, ralladas en espiral
2½	betabeles medianos, sin piel, rallados en espiral

PARA PREPARAR LA MANTEQUILLA DE CHIPOTLE:

En la licuadora muela la mantequilla, junto con los chiles chipotle, la cebolla, el ajo, la pimienta y la sal.

PARA PREPARAR LAS PECHUGAS:

A cada mitad de pechuga hágale una pequeña incisión transversal, marínelas durante 1 hora y refrigérelas durante 20 minutos. Precaliente una sartén durante 20 minutos, agregue el aceite; fría las pechugas a fuego mediano durante 4-6 minutos de cada lado. Vuelva a sazonar. Durante la cocción bañe las pechugas con la mantequilla de chipotle.

PRESENTACIÓN:

En platos extendidos coloque una cama de zanahoria, manzana y betabel, encima ponga la mitad de pechuga caliente cortada en 3 trozos, al frente haga una línea con el jugo de las pechugas.

VARIACIONES:
- Marine con la mantequilla de chipotle camarones, pulpo o calamares y áselos a la plancha.
- Sírvalos con arroz blanco solo o con elotitos tiernos desgranados.
- Marine con la mantequilla filetes de pescado y áselos a la plancha en la hoja de plátano; recúbralos con una tapa para que suden. Sírvalos con frijoles de la olla.

NOTAS:
- Lave las verduras y las frutas con un cepillo o una esponja, después desinfecte por 15 minutos. Escurra y deje orear antes de utilizarlas en la receta.
- Con la ayuda de unas pinzas ase las pechugas a fuego directo para quemar los restos de las plumas.

- Lave las pechugas, escúrralas y séquelas antes de utilizarlas en la receta.
- Las pechugas deberán tener la carne blanca; la piel brillante, firme y con olor fresco.
- El pollo tiene alto contenido de vitaminas A, C, B12, B3, ácido fólico, hierro y zinc.
- Sumerja la manzana en agua con jugo de limón para que no se ponga negra.
- La manzana contiene calcio, hierro, fósforo, potasio y su riqueza en fibra ayuda al control del colesterol.
- El betabel es rico en potasio, contiene vitamina C, además de calcio y hierro; es buena fuente de folato, una vitamina para mantener sanas las células.
- La zanahoria contiene fósforo; además tiene propiedades naturales para mejorar la vista, es antioxidante, es eficaz protector de la piel, estimula el apetito y es diurético.

A LA SOYA

PARA LA GUARNICIÓN:

16	cebollitas de Cambray
	Hielo
2	jengibres medianos, sin piel,
	en rebanadas delgadas
1	taza de agua
16	cucharadas de vinagre de arroz
4	cucharadas de aderezo de mirín
	con chile de árbol marca "Gavilla"
	Sal al gusto

PARA LA MARINADA:

4	dientes de ajo medianos, sin piel
¾	taza de soya ligera (no espesa)
4	cucharadas de aceite de oliva
4	cucharadas de aceite de ajonjolí
4	cucharadas de vinagre de arroz
6	cucharadas de aderezo de mirín
	con chile de árbol marca "Gavilla"

PARA LAS PECHUGAS:

4	pechugas medianas, deshuesadas,
	en mitades
60	g [2 oz] de mantequilla
½	taza de aceite de oliva
8	cucharadas de soya

PARA PREPARAR LA GUARNICIÓN:

Con un cuchillo filoso corte las cebollitas a lo largo, por ambos lados (cabeza y rabo); póngalas en agua con hielo durante 4 horas para que floreen y se enrosquen; escúrralas.

En una cacerola ponga el agua a hervir con el vinagre de arroz, el aderezo de mirín y la sal, blanquee el jengibre. Reserve.

PARA PREPARAR LA MARINADA:

En un molcajete, licuadora o procesador de alimentos muela los dientes de ajo e incorpore lentamente la soya, el aceite de oliva, el aceite de ajonjolí, el vinagre de arroz y el aderezo de mirín hasta obtener una salsa semiespesa. Resérvela.

PARA PREPARAR LAS PECHUGAS:

Precaliente el horno a 300 °F-150 °C durante 1 hora.

En un refractario ponga las pechugas e incorpore la marinada; déjelas macerar durante toda la noche. Precaliente dos sartenes durante 40 minutos. Agregue la mantequilla, el aceite y ase las pechugas de 3-4 minutos por ambos lados hasta que empiecen a soltar su jugo. Póngales las cucharadas de soya cuando se estén asando. Termine su cocción en el horno durante 4 minutos.

PRESENTACIÓN:

En platos extendidos ponga las pechugas calientes; adórnelas a un costado con las cebollitas de Cambray floreadas, por el otro lado con el jengibre.

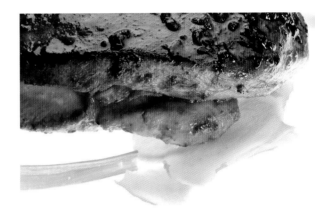

VARIACIÓN:
- Corte rueditas de berenjena; salpíquelas con sal gruesa, déjelas desflemar durante 2 horas. Precaliente una sartén, áselas de un lado y de otro con aceites aromatizados. Acompañe las pechugas con las berenjenas.

NOTAS:
- Lave las verduras con un cepillo o una esponja, después desinfecte por 15 minutos. Escurra y deje orear antes de utilizarlas en la receta.
- Con la ayuda de unas pinzas ase la pechuga a fuego directo para quemar los restos de las plumas.
- Lave las pechugas, escúrralas y séquelas antes de utilizarlas en la receta.
- La pechuga deberá tener la carne blanca; la piel brillante, firme y con olor fresco.
- El pollo tiene alto contenido de vitaminas A, C, B12, B3, ácido fólico, hierro y zinc.
- La cebollita de Cambray contiene calcio, fósforo, potasio, vitamina C, ácido fólico y vitamina E.
- El jengibre es rico en fósforo y zinc.

A LAS ESENCIAS MAYAS

PARA 8 PERSONAS

PARA LA MARINADA:

150	g [5 oz] de pasta de achiote
150	g [5 oz] de pasta de chilmole
¼	cucharada de cominos molidos
1½	cucharadas de orégano molido
¾	cucharadita de pimienta negra molida
¾	cucharadita de consomé en polvo
¼	taza de jugo de toronja
¼	taza de jugo de limón
⅓	taza de jugo de naranja
4	chiles xcatick asados o chiles güeros de lata rebanados
½	taza de caldo de pollo
2-2½	cucharadita de sal o al gusto

PARA LAS PECHUGAS:

4	pechugas enteras, cortadas por la mitad, deshuesadas
8	hojas de plátano limpias, cortadas en rectángulo de 30 x 20 cm [12 x 8 in], asadas
8	tiras de hojas de plátano de 1 cm [.4 in] de ancho x 20 cm [8 in] de largo
8	cucharadas de mantequilla suave

PARA LA GUARNICIÓN 1:

80	g [2.6 oz] de mantequilla
¾	cebolla finamente picada
¼-⅓	taza de chiles serranos finamente picados
8	elotes desgranados
⅔	taza de epazote o cilantro picado
¾	taza de agua
1-1½	cucharadita de sal o al gusto

PARA LA GUARNICIÓN 2:

¼	taza de aceite de oliva
1½	cebollas moradas finamente rebanadas
4	jitomates bola o guajes finamente rebanados
¾-1	cucharadita de sal o al gusto

PARA PREPARAR LA MARINADA:

En la licuadora o procesador de alimentos muela las pastas de achiote y chilmole junto con las especias, los jugos de limón y naranja, los chiles xcatick asados o los chiles güeros, el caldo y la sal hasta que quede semiespesa. Rectifique la sazón.

PARA PREPARAR LA PECHUGA:

En un recipiente coloque las pechugas, unte la marinada, déjelas reposar durante 3 horas. A fuego directo ase las hojas de plátano por ambos lados hasta suavizarlas, córtelas en rectángulos de 30 x 20 cm [12 x 8 in] y tiras 1 cm [.4 in] de ancho x 20 cm [8 in] de largo. En una cazuela grande vierta agua, ponga una rejilla; coloque hojas de plátano de manera que quede cubierta. A cada hoja rectangular úntele mantequilla; acomode media pechuga con un poco de la marinada. Rectifique la sazón. Envuélvalas, hágales un amarre en la parte de arriba. Recúbralas con papel aluminio para que no se salgan sus jugos. Cúbralas con las hojas de la cazuela, tápelas; cocínelas a vapor durante 45 minutos a fuego lento.

PARA PREPARAR LA GUARNICIÓN 1:

En una cacerola caliente la mantequilla, saltee la cebolla con los chiles, sazone con un poco de sal. Agregue los granos de elote, el epazote y el agua. Vuelva a sazonar. Cocine a fuego lento por 20 minutos o hasta que los granos estén suaves. Rectifique la sazón.

PARA PREPARAR LA GUARNICIÓN 2:

En una sartén caliente el aceite, fría las cebollas, sazone con un poco de sal; pase ligeramente las rebanadas de jitomate por el aceite de manera que no se deshagan. Rectifique la sazón. Reserve.

PRESENTACIÓN:

Sirva la pechuga abriendo la hoja de plátano; encima coloque un poco de cebolla y jitomate. Acompañe con los esquites en un recipiente pequeño.

VARIACIONES:
- Puede refrigerar las pechugas envueltas hasta la hora de la cocción.
- Haga la receta con gallinitas *cornish hens*; cocínelas por más tiempo.
- Agregue base de tamal a la receta y acomode un muslo con pierna.
- Haga las pechugas con el jitomate y la cebolla, envuélvalas con las hojas de plátano; cuézalas a vapor.

NOTAS:
- Lave las verduras y las frutas con un cepillo o una esponja, después desinfecte por 15 minutos. Escurra y deje orear antes de utilizarlas en la receta.
- Con la ayuda de unas pinzas ase las pechugas a fuego directo para quemar los restos de las plumas.
- Lave las pechugas, escúrralas y séquelas antes de utilizarlas en la receta.
- Las pechugas deberán tener la carne blanca; la piel brillante, firme y con olor fresco.
- El pollo tiene alto contenido de vitaminas A, C, B12, B3, ácido fólico, hierro y zinc.
- El aceite de oliva es rico en grasa poliinsaturada omega 3 y es bajo en colesterol.
- El chile serrano contiene vitamina C.
- El maíz contiene calcio, sodio, potasio; y vitaminas A, B1, B2, B3 y C.

PECHUGAS DE POLLO
EN ESCABECHE ORIENTAL

PARA 8 PERSONAS

PARA LAS PECHUGAS:

4	tazas de agua
4	pechugas de pollo grandes con hueso
1	poro rebanado en trozos pequeños
1	nabo rebanado en trozos pequeños
2	zanahorias rebanadas
3-4	ramas de apio picadas en trozos grandes
1	cebolla mediana, partida en cuarterones
5	dientes de ajo medianos, sin piel
½	cucharada de pimienta gorda entera
½	cucharada de pimienta negra
1-1½	cucharadas de sal o al gusto

PARA EL ESCABECHE:

1	taza de aceite de oliva
4	cebollas medianas, rebanadas finamente
4	dientes de ajo medianos, machacados
4	hojas de laurel desmenuzadas
1½-2	cucharadas de orégano seco
1	cucharada de pimienta gorda entera
1	cucharada de pimienta negra
1	cucharada de recado para bistec (condimento yucateco)
1	cucharada de salpimentado (condimento yucateco)
2	cucharadas de azúcar
1	taza de vinagre blanco o de manzana
¼	taza de caldo de pollo reducido
1½-2	cucharadas de sal o al gusto

PARA PREPARAR LAS PECHUGAS:

En una cacerola ponga a hervir el agua; agregue el pollo, el poro, el nabo, las zanahorias, el apio, la cebolla, los dientes de ajo, la pimienta gorda entera, la pimienta negra y la sal. Cocínelas durante 20 minutos a fuego lento de un lado y 10 minutos del otro. Apáguelas; déjelas reposar y enfriar en su caldo.

PARA PREPARAR EL ESCABECHE:

En una sartén profunda caliente el aceite, agregue las cebollas, el ajo, el laurel, el orégano, las pimientas gordas, las pimientas negras, el recado de bistec, el salpimentado, el azúcar y la sal. Cocine a fuego medio hasta que las cebollas estén transparentes (de 4-6 minutos). Agregue el vinagre y el caldo; deje hervir durante 10 minutos para que se evapore el vinagre. Apague el fuego. Rebane las pechugas finamente, incorpórelas al escabeche; tape la sartén para que se aromaticen. Deje reposar por 20 minutos. Rectifique la sazón.

PRESENTACIÓN:

En platos extendidos o profundos coloque un molde redondo; rellene del escabeche con la pechuga, retire el molde. En la parte superior adorne con hojas de mejorana.

VARIACIONES:
- Puede presentar las pechugas enteras.
- Haga el escabeche con pichones o con pollitos de leche.
- Sírvalo caliente o frío.
- Haga tortitas de pechuga con el escabeche.

NOTAS:
- Lave las verduras con un cepillo o una esponja, después desinfecte por 15 minutos. Escurra y deje orear antes de utilizarlas en la receta.
- Lave las pechugas, escúrralas y séquelas antes de utilizarlas en la receta.
- La pechuga deberá tener la carne blanca, la piel brillante, firme y con olor fresco.
- El pollo tiene alto contenido de vitaminas A, C, B12, B3, ácido fólico, hierro y zinc.
- El nabo aporta una apreciable cantidad de vitamina C y de vitaminas del grupo B (B6, B3, B1 y B2).
- Cuide la cocción del escabeche para que no se bata la cebolla y quede crujiente.

EN ADOBO DE GUAJILLO
Y SERVIDOS CON VERDOLAGAS

PARA 8 PERSONAS

PARA EL ADOBO DE GUAJILLO:

6	chiles guajillo secos, desvenados, sin semillas
1-2	chiles morita o chipotle desvenados, sin semillas
2	dientes de ajo medianos, sin piel
½	cebolla asada o cruda (al gusto)
½	taza de agua caliente
¾	cucharada de orégano seco triturado con las manos
¼	cucharadita de comino
1	clavo entero
½	rajita de canela de 5 cm [2 in] de largo
⅛	taza de vinagre de vino blanco o de caña mas ⅓ de taza
⅛	taza de mayonesa
¼	taza de aceite de oliva
¼	taza de mantequilla clarificada
½	cucharada de sal gruesa o al gusto

PARA LOS MEDALLONES:

2	pechugas enteras, grandes, cortadas por la mitad, deshuesadas
½	taza de aceite de oliva o vegetal
⅓	taza de mantequilla clarificada
½	cucharada de sal o al gusto

PARA LAS VERDOLAGAS:

⅓	taza de aceite de oliva o vegetal
2	cucharadas de mantequilla
4	dientes de ajo medianos, sin piel
3	cebollas medianas, cortadas en sesgo o en rodajas delgadas
1 200	kg [2 lb 10 oz] de verdolagas limpias
1	cucharada de sal o al gusto

PARA PREPARAR EL ADOBO DE GUAJILLO:

Precaliente un comal; ase los chiles a fuego lento aplastándolos con la parte de atrás de una cuchara de un lado y del otro hasta que estén brillantes por ambos lados, sin quemarlos. Remójelos en el agua caliente hasta cubrirlos durante 20 minutos. Escúrralos. Ase los ajos junto con la cebolla. En una licuadora o procesador de alimentos muela los chiles, la cebolla, el ajo y el resto de los ingredientes hasta obtener un puré. Rectifique la sazón. Reserve.

PARA PREPARAR LOS MEDALLONES:

En un refractario ponga las pechugas; cúbralas con el adobo de guajillo. Marínelas por 24 horas en el refrigerador. Retírelas del refrigerador 20 minutos antes de cocinarlas. Precaliente una sartén, incorpore el aceite de oliva y la mantequilla. Selle las pechugas por ambos lados durante 5-8 minutos. Tápelas. Báñelas con la marinada constantemente durante su cocción hasta que tome un color dorado. Rectifique la sazón. Retírelas. Con un cuchillo filoso saque 2 medallones de cada ½ pechuga de 2 cm [.8 in] de grosor x 6 cm [2.4 in] de largo. Resérvelos.

PARA PREPARAR LAS VERDOLAGAS:

Precaliente una sartén, añada el aceite y la mantequilla, dore los ajos; retírelos. Incorpore la cebolla y las verdolagas; sazone, saltee rápidamente (las verdolagas deberán quedar crujientes, sin sobrecocinarlas). Rectifique la sazón.

PRESENTACIÓN:

En platos extendidos ponga un molde cuadrado de 8 x 8 cm [3.2 x 3.2 in], acomode las verdolagas presionándolas para que quede la forma cuadrada. Retire el molde con cuidado. Encima coloque un medallón de pollo caliente. Al frente haga un manchón con el adobo extendiéndolo con la parte trasera de la cuchara y al lado un punto del adobo guisado.

VARIACIONES:
- Puede hornear los medallones con la marinada y servirlos en frío.
- Puede utilizar pechuga sin hueso o con hueso.
- Haga las pechugas marinadas y córtelas en tiritas.

NOTAS:
- Lave las verduras con un cepillo o una esponja, después desinfecte por 15 minutos. Escurra y deje orear antes de utilizarlas en la receta.
- Los chiles secos se desinfectan sólo por 5 minutos, ya que pueden perder su aroma y consistencia.
- Lave las pechugas, escúrralas y séquelas antes de utilizarlas en la receta.
- La pechuga deberá tener la carne blanca; la piel brillante, firme y con olor fresco.
- El pollo tiene alto contenido de vitaminas A, C, B12, B3, ácido fólico, hierro y zinc.
- La verdolaga tiene alto contenido de proteínas, carbohidratos, fibras, calcio, fósforo y hierro.
- Haga la presentación en latitas rectangulares abiertas por ambos lados; úselas como moldes.

AL ORÉGANO

PARA LOS MUSLOS:

5	tazas de agua
1	cebolla en rebanadas
6	dientes de ajo medianos, sin piel
16	cuadriles de pollo, limpios
1	cucharadita de pimienta negra molida
1	cucharadita de pimienta
1	cucharadita de orégano
1	cucharadita de sal o al gusto

PARA LA SALSA:

8	chiles guajillo o puya desvenados, asados, cocidos
14	chiles guajillo o puya desvenados, fritos, cocidos
4	dientes de ajo medianos, sin piel
1	cebolla mediana
1	taza de agua donde se cocieron los chiles
1½	cucharadas de orégano
1	cucharadita de vinagre blanco
½	cucharadita de azúcar
2	cucharaditas de sal o al gusto

PARA LA GUARNICIÓN:

16	vainas de habas
1½	tazas de habas frescas, blanqueadas

PARA PREPARAR LOS MUSLOS:

En una cacerola grande ponga a hervir el agua, agregue un poco de cebolla y ajo; coloque los cuadriles, espolvoree con las pimientas, el orégano y la sal. Ponga de nuevo una capa de cebolla y ajo; cocínelos a fuego lento durante 1 hora, voltéelos para que su cocción sea pareja. Apártelos. Retírele la piel a los cuadriles. Reserve el caldo donde se cocieron.

PARA PREPARAR LA SALSA:

En una licuadora o procesador de alimentos muela los chiles junto con el ajo, la cebolla y el agua. En una cacerola caliente agregue la salsa con un poco de caldo donde se cocinaron los cuadriles. Sazone. Agregue el orégano, el azúcar, el vinagre y la sal. Cocine a fuego lento durante 20-25 minutos. Incorpore los cuadriles, añada 1¾-2¼ tazas de caldo; siga cocinándolos durante 25 minutos o hasta que espese. Rectifique la sazón.

PRESENTACIÓN:

En platos extendidos coloque de 1-2 cuadriles de pollo calientes, salsee de manera que lo cubra todo, al frente ponga las habas; a un costado adorne con las 2 vainas una cerrada y otra media abierta. Haga un manchón con la salsa.

VARIACIONES:
- Haga con la misma salsa muslos con pierna.
- Desmenuce los cuadriles ya cocidos; haga taquitos con tortilla de comal.
- Añada a la salsa nopales, romeritos o quelites.

NOTAS:
- Lave las verduras con un cepillo o una esponja, después desinfecte por 15 minutos. Escurra y deje orear antes de utilizarlas en la receta.
- Los chiles secos se desinfectan sólo por 5 minutos, ya que pueden perder su aroma y consistencia.
- Con la ayuda de unas pinzas ase el pollo a fuego directo para quemar los restos de las plumas.
- Lave el pollo, escúrralo y séquelo antes de utilizarlo en la receta.
- El pollo deberá tener la carne blanca; la piel brillante, firme y con olor fresco.
- Las habas contienen calorías, proteínas, fósforo, vitaminas A y E; al igual que hidratos de carbono.
- El nopal contiene celulosa. Ayuda a la digestión, contiene vitamina A y ácido ascórbico; y es una fuente rica en calcio.
- Los romeritos contienen vitamina A y calcio; también fibra, hidratos de carbono, vitamina C, hierro y proteínas.
- Los quelites contienen vitaminas y minerales.

CON SALSA VERDE FRÍA

ACOMPAÑADO DE MOROS Y CRISTIANOS

PARA EL CALDO DE VERDURAS:

8	tazas de agua
1½	cebollas medianas, partidas en cuarterones
6	dientes de ajo medianos, sin piel
1½	elotes cortados a la mitad
½	poro cortado en trozos
4	ramas de apio cortadas a la mitad
3	nabos chicos, sin piel
3	zanahorias medianas
5	pimientas negras enteras
5	pimientas gordas enteras
¾	taza de salsa de soya
¾-1	cucharada de sal gruesa o al gusto

PARA LOS FRIJOLES:

8	tazas de agua
650	g [1 lb 6 oz] de frijoles negros, recién cosechados, limpios
2	cebollas medianas, cortadas
10	dientes de ajo medianos, sin piel
2	cucharadas de aceite de girasol
30	hojas de epazote o cilantro
1-1½	cucharadas de sal o al gusto

PARA EL POLLO:

8	muslos con pierna con hueso o sin hueso
6	dientes de ajo medianos, sin piel, asados, molidos
1½	cebollas medianas, asadas, molidas
12	cucharaditas de chile jalapeño picado, crudo o asado macerado en aceite
32	hojas santa
1-1½	cucharadita de pimienta al gusto
½-¾	cucharada de sal o al gusto

PARA EL ARROZ BLANCO:

2	tazas de arroz blanco de grano largo
2	tazas de aceite vegetal
4	dientes de ajo medianos, sin piel
1	cebolla mediana en mitades
3	dientes de ajo medianos, sin piel, molidos
½	cebolla molida
3	tazas de agua caliente
20	ramitas de perejil
4	chiles serranos o 2 jalapeños
¾-1	cucharada de sal o al gusto

PARA LA SALSA VERDE A LAS HIERBAS:

4½	tazas de agua
48	tomates verdes medianos, sin piel
1½	cebollas medianas, partidas en cuarterones
4-6	dientes de ajo chicos, sin piel
6	chiles serranos frescos
4	chiles jalapeños limpios
1½	tazas de hoja santa cortada en trozos
¾	taza de epazote finamente picado
1½	tazas de cilantro finamente picado
1-1½	cucharadas de sal o al gusto

PARA LA GUARNICIÓN:

8	hojas santa ligeramente asadas
8	hojas santa pequeñas al natural

PARA PREPARAR EL CALDO:

En una cacerola ponga el agua a hervir, agregue las verduras. Sazone con las pimientas, la soya y la sal. Cocine a fuego medio durante 2 horas; cuele el caldo; redúzcalo a la mitad. En una vaporera con rejilla ponga agua a calentar. En un recipiente de cristal vierta el caldo reducido; tápelo. Páselo a la vaporera y caliente el caldo a fuego lento.

PARA PREPARAR LOS FRIJOLES:

En una olla express ponga el agua a calentar. Lave los frijoles y escúrralos. Agréguelos, añada la cebolla, el ajo y el aceite. Tape la olla. Cocínelos a fuego mediano durante ¾-1 hora. (Si cuece los frijoles en una olla de barro, póngale agua para que mantengan la humedad. Cocínelos durante 2-2½ horas. En caso de que se evapore el agua, añada otro poco de agua caliente). Destape a la mitad de su cocción; pruébelos para ver si están suaves. Sazónelos con un poco de sal, agregue el epazote o el cilantro; continúe su cocción hasta que espesen. Rectifique la sazón.

PARA PREPARAR EL POLLO:

Sobre un recipiente coloque las piezas de pollo; úntelas con los ajos, la cebolla molida y el aceite. Sazone con pimienta y sal. Entrelace de 2 en 2 la hoja santa; envuelva con ellas el pollo. Coloque las envolturas de pollo unas sobre otras en el recipiente de cristal con el caldo. Cúbralas con papel aluminio; tápelas. Cocine durante 50 minutos o hasta que el pollo esté cocido.

PARA PREPARAR EL ARROZ:

Cubra el arroz con agua caliente; remójelo por 15 minutos. Escúrralo en una coladera; enjuague con agua hasta que salga clara. Vuelva a escurrir. Caliente el aceite en una sartén o cazuela. Fría los dientes de ajo y la cebolla. Agregue el arroz; cocínelo hasta que dore y suene. Escurra el aceite; retire los ajos con las cebollas. Baje el fuego, añada los dientes de ajo y la cebolla molidos. Combine con el arroz; fríalo hasta que se seque. Incorpore el agua; deje que hierva. Sazónelo con la sal. Revuélvalo y rectifique la sazón. Agregue el perejil con los chiles.

No lo mueva. Cubra con una tapa que ajuste bien; cocine a fuego lento de 20-25 minutos. Retire del fuego. Deje reposar por 30 minutos sin quitar la tapa para que el arroz se esponje. Agregue los frijoles al arroz con un poco del caldo de epazote de la cocción.

PARA PREPARAR LA SALSA:

En la licuadora o procesador de alimentos muela los ingredientes junto con las hierbas frescas; sazone. Reserve la salsa a temperatura ambiente.

PRESENTACIÓN:

En platos hondos calientes coloque en el centro un molde de metal cuadrado, acomode el arroz con los frijoles, presiónelos para que quede la forma cuadrada. Retire el molde con cuidado. Encima de ellos ponga una hoja santa asada, sobre ésta el pollo envuelto en la hoja santa. Al frente haga un manchón con la salsa verde de hierbas. Adorne con una hoja al natural por la parte de atrás.

VARIACIONES:
- Masajee el pato en agua caliente hasta que suavice la grasa. Córtelo en piezas; prepárelo igual que el pollo. Cocínelo al vapor hasta que esté suave.
- Prepare trozos de pescado de la misma manera que el pollo; su cocción será en menos tiempo.

NOTAS:
- Lave las verduras y las frutas con un cepillo o una esponja, después desinfecte por 15 minutos. Escurra y deje orear antes de utilizarlas en la receta.

- El pollo tiene alto contenido de vitaminas A, C, B12, B3, ácido fólico, hierro y zinc.
- La hoja santa es rica en vitamina A, hierro y fibra.
- El frijol contiene proteínas, lípidos, hidratos de carbono, hierro, sodio y fósforo.
- El arroz contiene calcio, sodio y fibra.
- La carne de pato es rica en hierro y en vitaminas del grupo B.
- El pescado deberá estar muy fresco, tener la carne firme, las agallas rojas y los ojos brillantes.

POLLO
A LAS PIMIENTAS

PARA EL POLLO:

2	pollos enteros, limpios
600	g [20 oz] de mantequilla
4	cucharadas de pimienta gorda recién molida
4	cucharadas de pimienta negra recién molida
2	cucharadas de sal gruesa o al gusto
	Hilo de cáñamo

PARA PREPARAR EL POLLO:

Precaliente el horno a 350 °F-175 °C durante 1 hora.

En un recipiente coloque la mantequilla, déjela a temperatura ambiente durante 30 minutos para que se suavice; con una espátula bátala hasta ablandarla. Ponga los pollos en una charola, amárreles las piernas con el hilo de manera que queden hacia el centro donde termina la pechuga. Únteles la mantequilla y salpíquelos con las pimientas y la sal gruesa. Hornéelos durante 1½-2 horas; barnícelos constantemente con su propio jugo. La carne del pollo deberá quedar jugosa y no sobrecocida. Una vez horneados repóselos durante 8 minutos.

PRESENTACIÓN:

En un platón caliente coloque el pollo entero; sírvalo en rebanadas delgadas o córtelo en trozos. Adórnelo con pimienta molida y sal gruesa. Acompañe con tortillas recién hechas. Sírvalo de inmediato.

VARIACIONES:
- Sírvalo con lechugas orgánicas, berros o arúgula.
- Acompañe con ensalada de jitomate con albahaca.
- Acompañe con chícharos chinos, cebollitas de Cambray y germinados salteados.
- Acompañe con puré de papa al ajo con azafrán, a la mantequilla o al aceite de oliva extra virgen.
- Sirva con papas rellenas, ensalada de papa a la mostaza o con eneldo.

NOTAS:
- Con la ayuda de unas pinzas ase el pollo a fuego directo para quemar los restos de las plumas.
- Lave el pollo, escúrralo y séquelo antes de utilizarlo en la receta.
- El pollo deberá tener la carne blanca; la piel brillante, firme y con olor fresco.
- El pollo tiene alto contenido de vitaminas A, C, B12, B3, ácido fólico, hierro y zinc.

POLLO
A LAS BRASAS

2	kg [4 lb 6 oz] de carbón
½	taza de aceite de oliva
1	taza de jugo de limón, fresco
2	pollos abiertos por la mitad, limpios
4	cucharadas de sal de grano o al gusto

PARA LA GUARNICIÓN:

Limones
Sal de grano al gusto

PARA PREPARAR EL POLLO:

Previamente ponga a calentar el carbón en el anafre o en un asador; con la ayuda de un soplador comience a avivar el fuego, deje que se consuma el carbón hasta que queden las brasas.

En un recipiente incorpore el aceite de oliva, el jugo de limón y la sal. Marine los pollos durante 30 minutos. Coloque sobre el anafre una rejilla; ponga el pollo, barnícelo con un poco de aceite de oliva, salpíquelo con sal por ambos lados. Cúbralo con una tapa, cocínelo

durante 20-30 minutos boca abajo, barnícelo, voltéelo constantemente durante 10 minutos; verifique que las brasas no se aviven demasiado ya que se puede quemar. Con la ayuda de un trinche pique el pollo para ver si la carne está cocida y suave; una vez cocido retírelo de las brasas; salpique con sal.

PRESENTACIÓN:

En un platón extendido caliente ponga el pollo boca abajo, a un costado adorne con un limón con un gajo hacia afuera, espolvoree con sal de grano. Sírvalo de inmediato.

VARIACIONES:
- Acompañe con una ensalada de lechugas verdes.
- Sirva con verduras al vapor.
- Acompañe el pollo con arroz.
- Marine el pollo con orégano y ajo molido.
- Unte el pollo una salsa hecha con chile guajillo, cascabel, jugo de toronja, ajo y sal. Hágalo a las brasas.
- Acompáñelo con una pasta a la mantequilla.
- Sirva el pollo con salsa verde o roja molcajeteada

NOTAS:
- Lave las verduras y las frutas con un cepillo o una esponja, después desinfecte por 15 minutos. Escurra y deje orear antes de utilizarlas en la receta.
- El pollo deberá tener la carne blanca; la piel brillante, firme y con olor fresco.
- Con la ayuda de unas pinzas ase el pollo a fuego directo para quemar los restos de las plumas.
- Lave el pollo, escúrralo y séquelo antes de utilizarlo en la receta.
- El pollo tiene alto contenido de vitaminas A, C, B12, B3, ácido fólico, hierro y zinc.
- El aceite de oliva es rico en grasa poliinsaturada omega 3, es bajo en colesterol.
- Al limón se le atribuyen propiedades antiinflamatorias, antioxidantes y protectoras de los vasos sanguíneos.
- Las brasas se tardan para llegar al punto de carbón blancuzco y que no tenga lumbre para que se forme un calor parejo y se pueda cocinar; si el fuego está arrebatado el pollo quedará quemado y crudo.
- Tape con una campana el pollo durante su cocción para que quede más jugoso.

POLLO
ENCACAHUATADO

PARA EL POLLO:

10	tazas de agua
3	cebollas de rabo cortadas por la mitad
8	dientes de ajo medianos, sin piel
8	pimientas gordas
8	muslos con pierna limpios
1-1½	cucharadas de sal o al gusto

PARA LA SALSA DE CACAHUATE:

400	g [13.3 oz] de cacahuate limpio
4	tazas de caldo de pollo desgrasado, reducido a 2 tazas
75	g [5 oz] de mantequilla
1½-2	cucharaditas de sal o al gusto

PARA PREPARAR EL POLLO:

En una cacerola ponga a hervir el agua junto con las cebollas, los dientes de ajo y las pimientas durante 20 minutos. Sazone. Agregue los muslos con piernas; cocínelos durante 20-30 minutos o hasta que estén suaves y no sobrecocidos; retire la olla del fuego, déjelos reposar y enfriar.

PARA PREPARAR
LA SALSA DE CACAHUATE:

Muela el cacahuate junto con el caldo de pollo hasta formar un puré. En una sartén caliente derrita la mantequilla, agregue el cacahuate molido, cocínelo durante 4-6 minutos. Añada un poco de caldo desgrasado para que tome una consistencia semiespesa. Vuelva a sazonar. Continúe su cocción durante 5-6 minutos. Si la salsa queda muy espesa, vierta un poco más de caldo.

PRESENTACIÓN:

En platos extendidos haga una cama de salsa y forme un hueco. Ponga el muslo con pierna sin piel caliente, recúbralo con una capa semigruesa de salsa. Adorne con el chile piquín molido. Acompañe con tortillas recién hechas. Sírvalo de inmediato.

VARIACIONES:
- Puede servir el pollo con piel y cubrirlo con la salsa.
- La salsa de cacahuate se puede servir fría o caliente.
- Acompáñelas con verdolagas al vapor o salteadas con cebolla.

NOTAS:
- Lave las verduras con un cepillo o una esponja, después desinfecte por 15 minutos. Escurra y deje orear antes de utilizarlas en la receta.
- Con la ayuda de unas pinzas ase el pollo a fuego directo para quemar los restos de las plumas.
- Lave el pollo, escúrralo y séquelo antes de utilizarlo en la receta.
- El pollo deberá tener la carne blanca; la piel brillante, firme y con olor fresco.
- El pollo tiene alto contenido de vitaminas A, C, B12, B3, ácido fólico, hierro y zinc.
- El cacahuate contiene proteínas, calcio y grasas.

CON SALSA DE CHOCOLATE

PARA LA MARINADA:

2	cucharaditas de azafrán
6	cucharaditas de agua hirviendo
1	taza de jugo de limón
4	cucharaditas de semillas de cilantro ligeramente tostadas
2	cucharaditas de cominos ligeramente tostados
2	cucharadas de chile guajillo ligeramente tostado
2	cucharadas de chile de árbol ligeramente tostado
2	cucharaditas de jengibre fresco, finamente picado
12	dientes de ajo sin piel, finamente picados
2	tazas de yogurt
2	cucharadas de colorante rojo

2	cucharadas de achiote en pasta
4	cabezas de ajo sin piel, enteros
16	cucharadas de mantequilla espumada y clarificada
	Sal de grano al gusto

PARA EL POLLO:

2	pollos enteros, limpios

PARA LA GUARNICIÓN:

3	cebollas medianas, cortadas en cuarterones, asadas
8	rábanos partidos en rodajas delgadas
4	jitomates cortados en cuarterones delgados

- 78 -

6 chiles serranos asados
½ taza de jugo de limón
Pimienta recién molida al gusto
2 cucharadas de sal de chocolate
Sal de grano o al gusto

PARA PREPARAR LA MARINADA:

En un recipiente ponga el azafrán, vierta el agua hirviendo; remójelo durante 5 minutos. Agregue el jugo de limón, sazone con un poco de sal. Barnice con esta mezcla los pollos, haciendo pequeñas incisiones en las pechugas y en las piernas. Déjelos marinar durante 30 minutos.

En una sartén caliente, tueste ligeramente las especias con los chiles; muélalos junto con el jengibre, los ajos, el yogurt, el colorante y la pasta de achiote.

PARA PREPARAR EL POLLO:

Precaliente el horno a 480 °F-250 °C durante 2 horas.

Barnice los pollos por fuera y por dentro. Rellene las cavidades con los ajos enteros. Déjelos marinar toda la noche.

Vuelva a barnizar los pollos con la marinada y mantequilla clarificada. Acomode los pollos sobre las rejillas, abajo ponga una charola con agua para que se hidraten y se escurra el jugo de los pollos. Horneélos a temperatura alta durante 15 minutos. Baje la temperatura a 350 °F-175 °C, hornee durante 1½ horas. Revise los pollos cada 15 minutos, vuelva a barnizarlos con la marinada y la mantequilla; la carne de los pollos deberá quedar jugosa, no sobrecocida. Retírelo del horno; repóselo durante 10 minutos.

PRESENTACIÓN:

En platos extendidos ponga 3 trozos de pollo calientes, a un costado coloque las cebollas asadas, los rábanos y los jitomates; por el otro lado los chiles asados. Bañe con el limón, espolvoree sal de chocolate, pimienta y sal de grano; al frente forme unas líneas de sal de chocolate y del jugo del pollo reducido.

VARIACIONES:
- Acompañe con ensalada de lechugas o verduras al vapor.
- Sirva con ensalada de nopales o frijoles de la olla.
- Sírvalos con salsas de molcajete o guacamole.

NOTAS:
- En un molcajete se martaje el chocolate. Muélalo junto con la sal en la licuadora hasta que haga una mezcla homogénea.
- Lave las verduras con un cepillo o una esponja, después desinfecte por 15 minutos. Escurra y deje orear antes de utilizarlas en la receta.
- Los chiles secos se desinfectan sólo por 5 minutos, ya que pueden perder su aroma y consistencia.
- Con la ayuda de unas pinzas ase el pollo a fuego directo para quemar los restos de las plumas.
- Lave el pollo, escúrralo y séquelo antes de utilizarlo en la receta.
- El pollo deberá tener la carne blanca; la piel brillante, firme y con olor fresco.
- El pollo tiene alto contenido de vitaminas A, C, B12, B3, ácido fólico, hierro y zinc.

CON PULQUE Y NOPALES

PARA LAS PIERNITAS:

16	piernitas de pollo limpias, de 150 g [5 oz] cada una
8	limones, su jugo
½	taza de aceite de oliva
2½	cucharaditas de sal de grano o al gusto

PARA LA SALSA DE CHILE PASILLA:

14	chiles pasilla desvenados, limpios, fritos
8	chiles pasilla desvenados, limpios, asados
1½	tazas de pulque fresco
1	cebolla mediana, cortada en cuarterones
4	dientes de ajo medianos, sin piel
¾	taza de agua
¼	taza de aceite de oliva
½	cebolla finamente picada
3	tazas de caldo de pollo desgrasado
3	tazas de nopales picados en cuadros pequeños, cocidos
1	cucharadita de azúcar
3	cucharaditas de sal o al gusto

PARA LA GUARNICIÓN:

3	tazas de agua
3	tazas de granos de elote cacahuazintles
60	g [2 oz] de mantequilla
¾	cebolla finamente picada
¼	taza de cilantro finamente picado
¼	taza de epazote finamente picado
1	taza de nopales picados en cuadritos, cocidos
1½	cucharaditas de sal de grano o al gusto

PARA PREPARAR LAS PIERNITAS:

En un recipiente mezcle el jugo de limón con la sal, agregue las piernitas, déjelas marinar durante ½ hora.

En una cacerola caliente el aceite de oliva, añada las piernitas, fríalas a fuego lento hasta que tomen un color dorado. Apártelas. Retíreles la piel. Resérvelas.

PARA PREPARAR
LA SALSA DE CHILE PASILLA:

En un recipiente agregue el pulque, remoje los chiles fritos y asados. En una licuadora o procesador de alimentos muela los chiles junto con el pulque, la cebolla, el ajo, y el agua. En una cacerola grande caliente el aceite, fría la cebolla hasta caramelizarla; agregue la salsa. Sazone. Cocine a fuego lento durante 35-40 minutos o hasta que espese, incorpore las piernitas, el caldo de pollo, los nopales, el azúcar; cocínelo de 20-25 minutos. Rectifique la sazón.

PARA PREPARAR LA GUARNICIÓN:

En una cacerola ponga a hervir el agua, agregue los granos de elote y la sal; cocínelos durante 20 minutos o hasta que estén muy tiernos. En una sartén caliente ponga la mantequilla, fría la cebolla hasta acitronarla; agregue los granos de elote junto con el agua donde se cocinaron, el cilantro y el epazote. Cocínelos durante 5 minutos. Resérvelos.

PRESENTACIÓN:

En platos extendidos calientes coloque 2 piernitas entrecruzadas, báñelas con la salsa hirviendo. Por un costado acompañe con nopales y esquites. Forme una línea con la salsa de chile pasilla.

VARIACIONES:
- Haga la salsa con falda cocida.
- Con la salsa sirva huevos revueltos y frijoles de la olla.
- Sirva la salsa con pato asado al horno, con costilla de puerco o puerco.

NOTAS:
- Lave las verduras con un cepillo o una esponja, después desinfecte por 15 minutos. Escurra y deje orear antes de utilizarlas en la receta.
- Los chiles secos se desinfectan sólo por 5 minutos, ya que pueden perder su aroma y consistencia.

- Con la ayuda de unas pinzas ase el pollo a fuego directo para quemar los restos de las plumas.
- Lave el pollo, escúrralo y séquelo antes de utilizarlo en la receta.
- El pollo deberá tener la carne blanca; la piel brillante, firme y con olor fresco.
- El pollo tiene alto contenido de vitaminas A, C, B12, B3, ácido fólico, hierro y zinc.
- La chilaca cuando se seca es el chile pasilla negro característico de la región del Bajío y de Michoacán. Su color es negro intenso; se utiliza en salsas.

PAVO
A LA INGLESA

PARA EL PAVO:

1	pavo de 8 kg [17 lb 11 oz] crudo, congelado
	Agua (la necesaria)
1	taza de sal de grano

PARA LA MARINADA:

300	g [10 oz] de mantequilla
4	dientes de ajo medianos, molidos
1	taza de salsa inglesa
1	taza de salsa de soya
½	cucharada de pimienta negra recién molida
½	cucharada de hierbas finas
½	cucharada de sal de cebolla
½	cucharada de sal de ajo
4	tazas de leche
1	lienzo de manta de cielo

PARA EL RELLENO:

150	g [5 oz] de mantequilla
4	cebollas medianas, finamente picadas
1½	apio entero, finamente picado
8-10	bolillos picados ó 30 rebanadas de pan de caja integral combinado con pan macrobiótico picado
½	taza de leche
1	cucharada de orégano yucateco o normal
1	cucharada de hierbas finas
4	ramitas de romero fresco, deshojado
4	cucharadas de salvia
½	cucharada de pimienta o al gusto
2	cucharadas de sal o al gusto

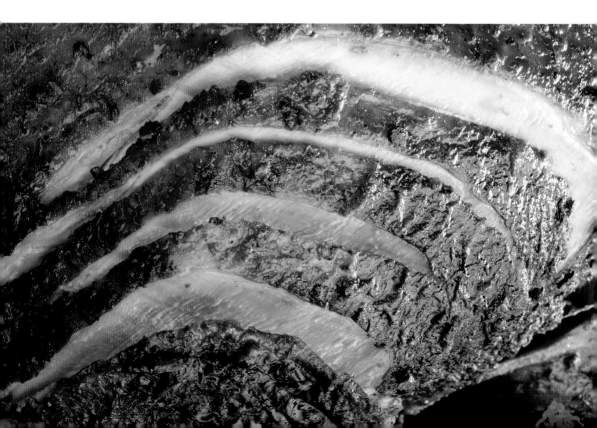

PARA PREPARAR EL PAVO:

En un contenedor con agua y sal de grano, ponga a descongelar el pavo destapado durante toda la noche. Lávelo, retire las vísceras que se encuentran dentro de la cavidad y el resto de las plumas. Escúrralo y séquelo.

PARA PREPARAR LA MARINADA:

En un recipiente bata la mantequilla junto con los dientes de ajo molidos, la salsa inglesa, la salsa de soya, la pimienta, las hierbas finas, la sal de cebolla y la sal de ajo. Rectifique la sazón. En una charola grande honda cubierta con papel aluminio coloque el pavo. Unte la marinada. Repóselo durante 6 horas a temperatura ambiente cubierto con el lienzo humedecido de leche sin exprimir.

PARA PREPARAR EL RELLENO:

En una cacerola caliente ponga la mantequilla, agregue la cebolla, sazone con un poco de sal, fríala hasta caramelizarla; añada el apio, el pan, rocíe la leche, el orégano, las hierbas finas, el romero y la salvia; sazone con pimienta y sal. Cocine hasta que espese. Rectifique la sazón. Rellene el pavo.

PARA HORNEAR EL PAVO:

Precaliente el horno 4 horas antes; baje la temperatura a 375 °F-200 °C.

Pase el pavo a una charola profunda; hornéelo tapado con papel aluminio; báñelo cada ½ hora. Si se seca mucho agregue 2 tazas de agua. Hornee de 3-4 horas hasta que salga el jugo rosado. Voltéelo constantemente para que se cocine parejo, destápelo los últimos 50 minutos para que se dore y quede crujiente la piel. Retírelo del horno para que repose durante 20-25 minutos para que se hidrate y se pueda rebanar.

PRESENTACIÓN:

En un platón coloque el pavo en la mesa; córtelo con un cuchillo filoso en rebanadas delgadas o en trozos.

VARIACIONES:
- Recubra el pavo con tocino blanqueado (pasado por agua caliente).
- El relleno lo puede servir aparte, como guarnición del pavo.
- Puede acompañarlo con puré de manzana.
- Acompáñelo con jalea de arándano.
- Acompáñelo con puré de camote con piña.
- Haga sandwiches con el pavo rebanado.
- Haga al día siguiente con el pavo sobrante ensalada de pavo finamente picado con cebolla, apio, mayonesa con sal y pimienta.
- Desmenúcelo y haga taquitos con tortillas recién hechas; acompáñelos con salsa de molcajete.

NOTAS:
- Lave las verduras con un cepillo o una esponja, después desinfecte por 15 minutos. Escurra y deje orear antes de utilizarlas en la receta.
- Lave el pavo, retire las vísceras y el resto de las plumas; escúrralo y séquelo antes de utilizarlo en la receta.
- El pavo deberá tener la carne blanca; la piel brillante, firme y con olor fresco.
- El pavo tiene las mismas propiedades nutritivas que el pollo. La pechuga es la parte magra. Además el pavo es fuente de proteínas; vitaminas del grupo del complejo B como la B1, B3, B5, B6, biotina, B12, el ácido fólico; y de minerales como el fósforo, el potasio, el magnesio, el hierro y el zinc.

EN MOLE DE XICO

PARA EL MOLE:

350	g [11.6 oz] de chile mulato desvenado, limpio
100	g [3.3 oz] de chile pasilla desvenado, limpio
2	tazas de agua caliente
150	g [5 oz] de jitomates medianos, asados, sin piel
3/4	taza de aceite de oliva
1½	cebollas medianas, cortadas en rodajas
3	dientes de ajo medianos, sin piel
40	g [1.3 oz] de almendras fritas
40	g [1.3 oz] de piñones fritos
40	g [1.3 oz] de avellanas fritas
150	g [5 oz] de ciruelas pasa fritas
40	g [1.3 oz] de pasitas fritas
1	plátano macho maduro frito
½	cucharadita de pimienta negra frita
½	cucharadita de clavo frito
½	cucharadita de anís frito
1	raja de canela de 3 cm [1.2 in] frita
40	g [1.3 oz] de ajonjolí frito
1	cocol mediano frito
1-1½	tortillas medianas fritas
1½-2	tablillas de chocolate mexicano o al gusto
50	g [1.6 oz] de piloncillo rallado
1½	tazas de caldo de pollo
1-2	cucharadas de sal o al gusto

PARA EL PATO:

2	patos de 2½ kg [5 lb 8 oz]
20	dientes de ajo medianos, sin piel, rebanados
2	poros medianos, rebanados, limpios
2	tazas de soya
2	tazas de miel
1	cucharada de sal o al gusto

PARA PREPARAR EL MOLE:

En una sartén fría ligeramente los chiles sin quemarlos. Póngalos a remojar en agua caliente. Reserve. Ase los jitomates. Apártelos. En una cazuela de barro caliente el aceite, fría las rodajas de cebolla con los ajos. Apártelos. En una licuadora o procesador de alimentos muela los chiles fritos, junto con la cebolla y los ajos fritos. Reserve. En la sartén caliente el aceite de oliva; fría las almendras, los piñones, las avellanas, las ciruelas pasa, las pasitas, el plátano macho, las especias, el cocol y las tortillas. Reserve. En la licuadora o procesador de alimentos muela las semillas, las especias, el plátano macho, el cocol y las tortillas junto con los jitomates; remuela 2 ó 3 veces hasta formar una pasta. Reserve. En la cazuela caliente agregue la pasta de las especias; refría por 15-20 minutos e incorpore los chiles molidos; sazone. Agregue el chocolate, el piloncillo; cocine a fuego lento hasta que la grasa empiece a subir; vierta el caldo, continúe su cocción hasta obtener un mole con una consistencia de pasta. Rectifique la sazón.

PARA PREPARAR EL PATO:

Precaliente el horno a 350 °F-150 °C durante 2 horas.

Queme con alcohol la cola del pato para destufarlo. Páselos a un recipiente profundo con agua caliente; masajéelos hasta que suelten su grasa, lávelos y séquelos con un trapo quitando el exceso de grasa. Páselos a un recipiente, rellénelos con los ajos y el poro rebanado; báñelos con la soya y la miel. Déjelos reposar toda la noche en el refrigerador. Saque los patos del refrigerador, déjelos a temperatura ambiente durante ½ hora. Coloque el pato sobre una rejilla con la pechuga hacia arriba; abajo de la rejilla acomode una charola con un poco de agua; hornéelos durante 2½ horas; revíselos cada 15 minutos; vuelva a barnizarlos, voltéelos por lo menos 3 veces para que tomen un color rojizo oscuro. Suba la temperatura del horno a 400 °F-200 °C durante 10-15 minutos hasta que se glaseen; la carne del pato deberá quedar jugosa y no sobrecocida.

PRESENTACIÓN:

En platos extendidos haga un manchón de mole; sirva una pieza de pato rostizado caliente con rebanadas de pechuga. Acompañe con un poco de poro del relleno del pato.

VARIACIONES:
- Sirva el mole de Xico con pechuga de pollo.
- Haga enmoladas de pato.
- Sirva el mole con muslos o cuadriles de pollo.
- Sirva el pato rostizado con el pipián verde.
- Haga tortas de pato con mole.

NOTAS:
- Lave las verduras con un cepillo o una esponja, después desinfecte por 15 minutos. Escurra y deje orear antes de utilizarlas en la receta.
- Los chiles secos se desinfectan sólo por 5 minutos, ya que pueden perder su aroma y consistencia.
- Los chiles se pueden freír y moler con sus semillas.
- Masajee el pato con agua caliente para que suelte su grasa.
- La carne de pato es rica en hierro y en vitaminas del grupo B.
- El poro contiene vitaminas A, C y B6; y minerales como potasio, calcio, fósforo, sodio y hierro.
- La miel es fuente de vitaminas A, D, C, E y B.

PATO
EN PIPIÁN VERDE

PARA EL PIPIÁN VERDE:

500	g [1 lb 1 oz] de semillas de calabaza, limpias, asadas
250	g [8.3 oz] de cacahuates limpios, asados
¾	taza de ajonjolí asado
1½	cebollas medianas, cortadas en cuarterones, asadas
6	dientes de ajo medianos, sin piel, asados
2	tazas de agua
¾	cebolla mediana, cortada a la mitad
6	dientes de ajo medianos, sin piel
15	tomates verdes, sin cáscara
16-18	chiles serranos limpios
4	hojas de lechuga
4	hojas de rábano
¾	manojo de cilantro cortado en grueso, limpio
8	hojas santa cortada en grueso, limpia
½	cebolla cortada en trozos
½	taza de aceite vegetal
2	rebanadas de cebolla
3-4	tazas de caldo de pollo desgrasado
1½-2	cucharadas de sal o al gusto

PARA EL PATO:

16	tazas de agua
2	patos de 2½ kg [5 lb 8 oz]
4	cebollas medianas, cortadas en rebanadas
40	dientes de ajo medianos, sin piel, rebanados
2	cucharadas de pimienta negra molida
4	cucharadas de sal de grano o al gusto

PARA PREPARAR EL PIPIÁN VERDE:

Precaliente un comal durante 20 minutos. Lave las semillas de calabaza. Escúrralas hasta que se sequen. En el comal ponga las semillas, áselas a fuego lento; con la ayuda de una pala de madera, muévalas constantemente de un lado a otro para que no se quemen y se asen parejo. Apártelas. De igual manera ase los cacahuates, el ajonjolí, la cebolla y los dientes de ajo. En una cacerola ponga el agua a hervir junto con la cebolla, los dientes de ajo, los tomates y los chiles serranos. Cocínelos a fuego lento durante 25 minutos. Retire del fuego. Déjelos enfriar. En la licuadora o procesador de alimentos muélalos junto con las semillas de calabaza, los cacahuates, el ajonjolí, la cebolla, los dientes de ajo asados, las hojas de lechuga, las hojas de rábano, el cilantro, la hoja santa, la cebolla y un poco de caldo, hasta que quede una consistencia semiespesa. En una cazuela caliente el aceite, fría las rebanadas de cebolla hasta caramelizarlas; sazone con un poco de sal. Agregue la salsa de pipián, cocínela hasta que suelte la grasa y se vea el fondo del cazo. Rectifique su sazón. Si espesa mucho incorpore más caldo de pollo.

PARA PREPARAR EL PATO:

Queme con alcohol la cola del pato para destufarlo. Páselo a un recipiente profundo con agua caliente; masájeelo hasta que suelte su grasa, lávelo y séquelo con un trapo quitando el exceso de grasa. En una cacerola grande vierta el agua, ponga una rejilla; coloque el pato encima; añada la cebolla en rebanadas, los ajos, la pimienta y la sal. Tape la cacerola; cocínelo a vapor durante 3 horas a fuego lento, voltéelo ocasionalmente para obtener una cocción pareja. Deje enfriar.

PRESENTACIÓN:

En platos extendidos haga un manchón de pipián, coloque 2 piernas de pato entrecruzadas o una pechuga, o combinadas; báñelas con el pipián caliente. Acompañe con tortillas recién hechas.

VARIACIONES:

- De la misma forma que se prepara el pato rostizado, masajéelo; úntelo con mantequilla, aceite de oliva, ajo, hierbas de olor y sal. Coloque el pato sobre una rejilla con la pechuga hacia arriba; abajo de la rejilla acomode una charola con un poco de agua. Hornéelo en horno precalentado hasta que dore, sin sobrecocinarlo. Sírvalo cortado como el anterior.
- Haga tortas con el pato desmenuzado con el pipián verde.

NOTAS:

- Lave las verduras con un cepillo o una esponja, después desinfecte por 15 minutos. Escurra y deje orear antes de utilizarlas en la receta.
- Masajee el pato con agua caliente para que suelte su grasa.
- La carne de pato es rica en hierro y en vitaminas del grupo B.
- Las semillas de calabaza aportan una cantidad de grasa como el omega 3 y 6; contienen vitaminas A y C.
- El ajonjolí es rico en proteínas, calcio, vitamina B, hierro, fósforo y zinc.
- Los cacahuates son una fuente rica en proteínas; contienen hierro, calcio, fósforo, vitaminas B1 y B2.

A LA MIEL DE MAGUEY

PARA LA SALSA:

½   taza de agua
½   taza de vinagre
1   taza de salsa de soya espesa
½   taza de jerez seco
6   dientes de ajo medianos, sin piel
14   chiles de árbol fritos
40   g [1.3 oz] de jengibre fresco
4   clavos de olor molidos
¼   raja de canela molida
4   pimientas gordas molidas
8   pimientas negras molidas
1   taza de miel de piloncillo
     (mezcle 4 tazas de agua y piloncillo
     hasta formar una miel espesa)
1   taza de miel de maguey

PARA EL PATO:

2   patos de 2½-3 kg [5 lb 8 oz-6 lb 10 oz]
     cada uno
12   echalotes medianas,
     finamente picadas
40   g [1.3 oz] de jengibre
     finamente picado
6   dientes de ajo medianos, sin piel,
     finamente picados
1   poro grande, finamente rebanado
     Aguja e hilo

PARA LA GUARNICIÓN:

20   cebollitas de Cambray limpias

PARA LA SALSA DE CHILE MULATO:

4   chiles mulato desvenados, limpios,
     asados, remojados en agua caliente
1   taza de jugo de naranja
¼   taza de tequila
3   dientes de ajo medianos, sin piel
1¼   cucharaditas de sal o al gusto

PARA LA SALSA DE SOYA CON CEBOLLÍN:

1½   tazas de salsa de soya ligera
4-6   limones, su jugo
10   chiles serranos toreados,
     finamente picados
⅓   taza de cebollín finamente picado

PARA PREPARAR LA SALSA:

En una licuadora o procesador muela todos los ingredientes, añada el ajo, el chile de árbol frito, el jengibre y las especias; con la ayuda de una brocha barnice los patos dos veces antes de meterlos al horno.

PARA PREPARAR EL PATO:

Precaliente el horno a 350° F-150° C durante 2 horas.

Queme con alcohol la cola del pato para destufarlo. Páselo a un recipiente profundo con agua caliente; masajéelo hasta que suelte su grasa, lávelo y séquelo con un trapo quitando el exceso de grasa de la cavidad; corte la punta de las alas. Rellénelo con las echalotes, el jengibre, los ajos picados y el poro. Cierre la cavidad cosiendo la piel en forma de zig zag con aguja e hilo; amarre el cuello con un hilo. Coloque el pato sobre una rejilla con la pechuga hacia arriba; abajo de la rejilla acomode una charola con un poco agua; hornéelos durante 2½ horas; revise los patos cada 15 minutos; vuelva a barnizarlos. Voltéelos por lo menos 3 veces para que tomen un color rojizo oscuro. Suba la temperatura del horno a 400 °F-200 °C durante 10-15 minutos hasta que se glaseen; la carne del pato deberá quedar jugosa y tierna de color rosado, no sobrecocida.

Con un cuchillo filoso corte las cebollitas a lo largo, por ambos lados (cabeza y rabo); póngalas en agua con hielo durante 4 horas para que floreen y se enrosquen; escúrralas.

PARA PREPARAR
LA SALSA DE CHILE MULATO:

En una licuadora o procesador de alimentos muela los chiles, el jugo de naranja, el tequila, los ajos y la sal. Rectifique la sazón.

PARA PREPARAR
LA SALSA DE SOYA CON CEBOLLÍN:

En un recipiente mezcle la salsa de soya, el jugo de limón, los chiles serranos toreados y el cebollín; refrigere la salsa antes de servir.

PRESENTACIÓN:

En platos extendidos ponga una pierna de pato al frente y 2 rebanadas de pechuga; adorne con cebollitas de Cambray abiertas en flor a un costado; acompañe en salseritas la salsa de soya con cebollín y la salsa de chile mulato.

VARIACIONES:

- Cuando el pato esté caramelizado, páselo
  por carbón; barnícelo una vez más;
  rebánelo, píquelo o desmenúcelo, sirva
  con tortillas recién hechas y salsas frescas.
- Barnice el pato con 1/2 taza de salsa de
  soya espesa y 1/2 taza de miel de maguey,
  cuélguelo en un lugar fresco; déjelo secar
  o refrigérelo toda la noche (por lo menos
  10 horas); vuelva a barnizar. Hornéelo
  en horno precalentado a 400 °F-200 °C.
- Haga la salsa de chile ancho con costilla
  de puerco o con lomo de puerco.

NOTAS:

- Lave las verduras con un cepillo
  o una esponja, después desinfecte
  por 15 minutos. Escurra y deje orear
  antes de utilizarlas en la receta.
- Los chiles secos se desinfectan
  sólo por 5 minutos, ya que pueden
  perder su aroma y consistencia.
- La carne de pato es rica en hierro
  y en vitaminas del grupo B.
- Masajee el pato con agua caliente
  para que suelte su grasa.

ALITAS
A LA COLONIAL

PARA LAS ALITAS:

16   alones medianos, limpios, cortados

PARA LA MARINADA:

1	cebolla mediana
6	dientes de ajo medianos, sin piel
½	taza de aceite de oliva
2	botellas de aderezo colonial de 250 g [8.3 oz] cada una marca "Gavilla"
2	cucharaditas de pimienta negra recién molida
1½	cucharaditas de sal o al gusto

PARA MARINAR LAS ALITAS:

En la licuadora muela la cebolla, los ajos, la pimienta y la sal; vierta en un recipiente de cristal, incorpore el aceite y el aderezo colonial mezclando los ingredientes. Bañe las alitas, recúbralas por ambos lados. Déjelas marinar durante toda la noche.

PARA PREPARAR LAS ALITAS:

Precaliente el horno a 350 °F-175 °C durante 2 horas.

Pase la mitad de la marinada a un recipiente; redúzcala hasta que espese. Resérvela. Coloque las alitas sobre una charola para horno; hornéelas durante 20-22 minutos, bañe constantemente con la marinada restante. Retírelas del horno cuando estén doradas y crujientes.

PRESENTACIÓN:

Sirva las alitas en platos extendidos con una línea de aderezo reducido.

VARIACIÓN:
- Marine las alitas con aderezo de mirín con chile de árbol marca "Gavilla"; sírvalas con arroz blanco al vapor.
- Marine con el aderezo de soya y limón marca "Gavilla". Acompáñelas con fideos chinos de arroz con verduras salteadas con frijol de soya germinado o sírvalas con arroz al poblano o con plátano macho frito.
- Cocínelas con el aderezo de la casa marca "Gavilla" y sírvalas con el acompañamiento de lechugas tiernas o verduras ralladas con el aderezo marca "Gavilla" de queso roquefort, al wasabe, al mirín con chile de árbol o César.
- Acompáñelas con tortillas recién hechas y crema espesa.

NOTAS:
- Lave las verduras con un cepillo o una esponja, después desinfecte por 15 minutos. Escurra y deje orear antes de utilizarlas en la receta.
- Con la ayuda de unas pinzas ase las alitas de pollo a fuego directo para quemar los restos de las plumas.
- Lave las alitas de pollo, escúrralas y séquelas antes de utilizarlas en la receta.
- Las alitas de pollo deberán tener la carne blanca, la piel brillante, firme y con olor fresco.
- Las alitas de pollo tienen alto contenido de vitaminas A, C, B12, B3; ácido fólico, hierro y zinc.

GAVILLA

nacieron de la fecunda imaginación de Patricia Quintana, reconocida internacionalmente como una de las mejores chefs de México.

Los productos Gavilla están hechos con ingredientes naturales que le dan el toque de sabor y distinción a los platillos.

Estos aderezos y marinadas mantienen y guardan las cualidades de la tradición de la cocina casera.

ADEREZO DE MOSTAZA Y MIEL

Para ensaladas
Vegetales crudos o cocidos
(al vapor, a la plancha, o salteados)
Papas (al horno o ensalada)
Pescados y mariscos
Aves y carnes rojas
Carnes frías
Quesos

ADEREZO DE SOYA Y LIMÓN

Para ensaladas
Vegetales crudos o cocidos
(al vapor, a la plancha, o salteados)
Arroz
Pasta fría
Quesos suaves
Sushi, pescados y mariscos
Para marinar brochetas (de aves y carnes rojas)

MARINADA DE ORÉGANO Y MEJORANA

Para marinar carnes y aves
Quesos (a la plancha o gratinados)
Verduras a la plancha

MARINADA DE ACHIOTE

Para marinar pescados y mariscos
Cochinita, conejo o pollo a la pibil
Tamales
Mixiotes

Más aderezos y salsas:

MARINADAS:
- ACHIOTE
- ORÉGANO Y MEJORANA

ADEREZOS:
- MOSTAZA Y MIEL
- CÉSAR A LA PARMESANA
- MIRIM CON CHILE DE ÁRBOL
- WASABE CON QUESO ROQUEFORT
- COLONIAL
- DE LA CASA

SALSAS:
- MAÑANERA (jitomate con jalapeño, asado)
- ARRIERA (tomate verde con chile de árbol y chile morita frito)
- JITOMATE CON CHIPOTLE (jitomate con chile mora frito y piloncillo)
- 3 CHILES (tomate verde, chile jalapeño, chile serrano y chile habanero)
- JALAPEÑO (tomate verde con jalapeño)

Esta obra fue impresa y encuadernada
en septiembre de 2010
en los talleres de BIGSA Industria Gráfica
que se localizan en
Polígono Industrial Congost
Avda./ Sant Juliá, 104-112. 08400 Granollers
Barcelona (España)

El diseño de interiores estuvo a cargo de Eduardo Romero Vargas
y la formación tipográfica a cargo de Judith Mazari Hiriart.